AF547716

GRöLS
Verlage

„BÜCHER SIND WIE FALLSCHIRME. SIE NÜTZEN UNS NICHTS, WENN WIR SIE NICHT ÖFFNEN."

Gröls Verlag

Redaktionelle Hinweise und Impressum

Das vorliegende Werk wurde zugunsten der Authentizität sehr zurückhaltend bearbeitet. So wurden etwa ursprüngliche Rechtschreibfehler *nicht* systematisch behoben, denn kleine Unvollkommenheiten machen das Buch – wie im Übrigen den Menschen – erst authentisch. Mitunter wurden jedoch zum Beispiel Absätze behutsam neu getrennt, um den Lesefluss zu erleichtern.

Um die Texte zu rekonstruieren, werden antiquarische Bücher von Lesegeräten gescannt und dann durch eine Software lesbar gemacht. Der so entstandene Text wird von Menschen gegengelesen und korrigiert – hierbei treten auch Fehler auf. Wenn Sie ebenfalls antiquarische Texte einreichen möchten, finden Sie weitere Informationen auf www.groels.de

Viel Freude bei der Lektüre wünscht Ihnen das Team des Gröls-Verlags.

Adressen

Verleger: Sophia Gröls, Im Borngrund 26, 61440 Oberursel

Externer Dienstleister für Distribution & Herstellung: BoD, In de Tarpen 42, 22848 Norderstedt

Unsere „Edition | Werke der Weltliteratur“ hat den Anspruch, eine der größten und vollständigsten Sammlungen klassischer Literatur in deutscher Sprache zu sein. Nach und nach versammeln wir hier nicht nur die „üblichen Verdächtigen“ von Goethe bis Schiller, sondern auch Kleinode der vergangenen Jahrhunderte, die – zu Unrecht – drohen, in Vergessenheit zu geraten. Wir kultivieren und kuratieren damit einen der wertvollsten Bereiche der abendländischen Kultur. Kleine Auswahl:

Francis Bacon • Neues Organon • **Balzac** • Glanz und Elend der Kurtisanen • **Joachim H. Campe** • Robinson der Jüngere • **Dante Alighieri** • Die Göttliche Komödie • **Daniel Defoe** • Robinson Crusoe • **Charles Dickens** • Oliver Twist • **Denis Diderot** • Jacques der Fatalist • **Fjodor Dostojewski** • Schuld und Sühne • **Arthur Conan Doyle** • Der Hund von Baskerville • **Marie von Ebner-Eschenbach** • Das Gemeindekind • **Elisabeth von Österreich** • Das Poetische Tagebuch • **Friedrich Engels** • Die Lage der arbeitenden Klasse • **Ludwig Feuerbach** • Das Wesen des Christentums • **Johann G. Fichte** • Reden an die deutsche Nation • **Fitzgerald** • Zärtlich ist die Nacht • **Flaubert** • Madame Bovary • **Gorch Fock** • Seefahrt ist not! • **Theodor Fontane** • Effi Briest • **Robert Musil** • Über die Dummheit • **Edgar Wallace** • Der Frosch mit der Maske • **Jakob Wassermann** • Der Fall Maurizius • **Oscar Wilde** • Das Bildnis des Dorian Grey • **Émile Zola** • Germinal • **Stefan Zweig** • Schachnovelle • **Hugo von Hofmannsthal** • Der Tor und der Tod • **Anton Tschechow** • Ein Heiratsantrag • **Arthur Schnitzler** • Reigen • **Friedrich Schiller** • Kabale und Liebe • **Nicolo Machiavelli** • Der Fürst • **Gotthold E. Lessing** • Nathan der Weise • **Augustinus** • Die Bekenntnisse des heiligen Augustinus • **Marcus Aurelius** • Selbstbetrachtungen • **Charles Baudelaire** • Die Blumen des Bösen • **Harriett Stowe** • Onkel Toms Hütte • **Walter Benjamin** • Deutsche Menschen • **Hugo Bettauer** • Die Stadt ohne Juden • **Lewis Caroll** • *und viele mehr….*

Theodor Lessing

Haarmann

Die Geschichte eines Werwolfs

Inhalt

Vorwort

Kein Baum und kein Wald rauscht durch diese Geschichte. Keine Blume und kein Stern blicken tröstend darein. Es handelt sich um das hoffnungslos dunkle Gemälde einer von allen Naturgöttern ausgestoßenen Höhlenmenschheit, welcher auch das Beglückendste und Heiligste, das im Kosmos waltet: die schöpferische Liebesmacht der Natur zu Verbrechen und Krankheit, Laster und Unnatur mißraten ist. Nur mit Widerwillen, ja oft mit Ekel bin ich, ganz andersartige Lebensarbeit unterbrechend, der Chronist dieses Stückes „Kulturgeschichte" geworden. Aber erstens wurde ich da hineingedrängt durch ein Gericht, das die Wahrheit zu verschleiern drohte und mithin das ewig gültige Recht zu Gunsten des bloß zeitlich geltenden Rechts zu beugen unternahm. Weil aber die Wahrheit bedroht war, so wurde es fast zur Pflicht, folgerichtig durchzugreifen und den gesamten Rechtsfall klar und sachlich vor die Nachwelt zu bringen. Dazu aber kam ein zweites: In Stadt und Schauplatz gewurzelt, war ich der einzige, der Ort, Zeit, Personen und Zusammenhänge völlig übersehen konnte. Und so wurde es auch von dieser Seite her zur Pflicht gegen die künftigen Geschlechter, den merkwürdigsten Rechtsfall unserer Tage aufzubewahren. Es geschah so, daß dem einfachen Leser alle Vorgänge bildhaft lebendig werden, daß andererseits aber auch für die Wissenschaft: Psychologie, Psychiatrie, Strafrecht und Rechtsethik, das Studium dieses Kriminalfalles wertvoll bleibt. Darüber hinaus aber sehe man in dieser Schrift ein Stück Zeitkritik und Charakterkunde; denn in dieser Hinsicht kann dies Buch gelten als ein sinnfälliges Beispiel zu den Lehren, die ich in „Untergang der Erde am Geist" und „Geschichte als Sinngebung des Sinnlosen" über Philosophie der Kultur und in der „Symbolik der menschlichen Gestalt" zur Psychologie niedergelegt habe.

Hannover, im Januar 1925.

Theodor Lessing,
Dr. med. und phil. Prof. der Psychologie.

Erster Teil

Ort und Zeit des Dramas

Hannover, die Hauptstadt der gleichnamigen Provinz und der Mittelpunkt der niedersächsischen Lande, liegt an den letzten Ausläufern des deutschen Mittelgebirges, von welchem aus sich die norddeutsche Ebene mit ihren sandigen Kiefern- und Heidebezirken bis fern zur Nordseeküste hinabzieht. Das Flüßchen Leine, vom Eichsfelde kommend und die zwischen Harz und Weserbergen eingesenkte hügelige Mulde Göttingens durchfließend, erreicht unterhalb Elze, zwischen dem Hildesheimer Wald und dem Osterwald hervorbrechend, die kahle norddeutsche Ebene; von Hannover ab macht der Fluß einen Bogen nach Westen und mündet hinter Hudemühlen im Großen Moor. Das „Hohe Ufer", dort wo der Fluß die Deisterbäche Ihme und Föße aufnahm und in schnellem Laufe die Altstadt durcheilt, hat wohl dem um 1050 zuerst erwähnten Ort den Namen gegeben: „*Honovere*". – Eine Stadt im Grünen! Denn ein Waldgürtel, die Eilenriede genannt, 2500 Morgen weit, umzieht die Stadt in weitem Halbkreis und läßt nur nach Süden die Ebene offen, in welche sich die sogenannte Masch (oder Marsch) hineinschiebt, ein wasserreiches, sumpfiges Flachland, an dessen Rand wiederum Waldhügel, genannt Deister (von Dixter-Dichtwald), die Stadt umgrenzen. Wenige europäische Städte haben zwischen 1850 und 1900 so völlig ihr Antlitz verändert. Bis 1866 war Hannover die weltfern-vornehme Residenz der alten englischen Welfenkönige. In dem grünumbuschten Idyll der durch sechshundert Jahre träumenden Niedersachsenstadt schlugen die ersten Lerchen der deutschen Lyrik: Hölty und Bürger, sodann die Frühnachtigallen der Romantik: die Brüder Schlegel; hier grübelten Lichtenberg und Leisewitz, Detmold und Feder, und vor allem der wissensreichste deutsche Denker: Leibniz. Moritz und Iffland sind hier geboren, sowie Hartleben und Frank Wedekind. Als Hannover 1866 durch Bismarck für Preußen annektiert wurde, hatte die Stadt kaum 70 000 Einwohner. Aber in der Zeit nach dem siegreichen Krieg mit Frankreich, zwischen 1870 und 1873, in der sogenannten Gründerzeit, hielt die Industrie machtvoll Einzug, so daß die kleinen lieblichen Dörfer der Umgebung, Hainholz, Döhren, Limmer, List bald zu rußigen Fabrikvororten sich wandelten. Eine Technische Hochschule wurde gebaut; die Deisterkohle geschürft, und vollends änderte sich das Stadtbild, als der schiffbare Rhein-Weser-Leine-Kanal angelegt und in den großen „Mittellandkanal" überführt wurde, gleichzeitig aber die riesigen Kalischätze des

Bodens rund um Hannover abgebaut zu werden begannen. Eine einzige Fabrikanlage, die sogen. „Continental“, welche sich mit dem Herstellen künstlichen Kautschuks beschäftigte, machte binnen weniger Jahre aus dem kleinen Vorort Vahrenwald ein fünfzehntausendköpfiges Proletarierviertel. Brauereien, Spinnereien, Wollwäschereien, die Maschinenfabriken von Gebr. Körting und Georg Egestorff und die sogen. Hanomag, eine Wagen- und Waggonfabrik wandelten das jenseits der Ihme gelegene Dorf Linden in eine Fabrikvorstadt von über hunderttausend Beamten- und Proletarierfamilien. Immerhin war diese Entwicklung zu Geldherrschaft und Werkertum, darunter die alte Adels- und Bauernkultur Niedersachsens erstickte, keineswegs ungewöhnlich. Sie war das allgemeine Wesensgepräge des wilhelminischen Deutschlands. Wahres Höllenchaos aber setzte ein, als dies preußische Machtreich zerbrach und eine an Töten und „Requirieren“ gewöhnte, im fünfjährigen Weltkrieg verwilderte Jugend, alle Zucht und Form abschüttelnd, in die völlig armgewordene, ausgezogene Heimat zurückkehrte. 14 Millionen Tote! Im Osten Hungersnöte, welche ganze Länderstriche dahinrafften und schließlich dahin führten, daß Eltern ihre Kinder, Kinder ihre Eltern fraßen. Entartung, Verarmung, Verwirrung ohnegleichen. Das deutsche Geld auf dem Weltmarkt so entwertet, daß nur durch das immer neue Drucken und Hinausschleudern immer neuer wertloser Papierfetzen ein trostloses Scheinleben von Tag zu Tag gefristet wurde. In dieser sogenannten „Inflationszeit“, anhebend mit dem Zusammenbruch der deutschen Heere im Weltkrieg und den Stürmen der deutschen Revolution, begann die Bedeutung der Stadt Hannover als eines internationalen Durchgangs- und Schiebermarktes plötzlich zu wachsen. Die Stadt beherbergte um 1918 etwa 450 000 Menschen. Knapp vier Eisenbahnstunden von Berlin, Deutschlands großem Wasserkopf entfernt, knapp acht Stunden entfernt von Köln (wo damals Engländer-, Franzosen- und Belgierherrschaft begann), war Hannover der günstigste Mittelpunkt für das Tausch-, Schieber- und Transaktions-Geschäft, welches Tausende ernährte. Alle Welt lebte von Spekulation. Da Geld nichts mehr galt, und nur Sachwerte das Leben fristen konnten, so wurde aufgekauft, getauscht und gestohlen wie nie zuvor. Und zwischen Berlin, in welches der slawische, wendische, polnische, jüdische Osten einströmte, Amsterdam, wo viel Reichtum abfloß nach Holland und England und endlich Köln, welches nach Belgien und Frankreich die Brücke schlug, lag Hannover aufs günstigste in der Mitte, so daß sich hier aufzutun vermochten hundert neue Gründungen, hundert neue Vergnügungs- und Lasterstätten, die ein schlimmes Händler-, Schieber-,

Parasiten- und Schmarotzervolk ins Land brachten, langsam zerfressend die alte bürgerliche Tüchtigkeit und ehrenfesten Solidität der (wie ein großer Dichter sie nannte) *„fahlsten* unserer Städte".

An drei Stellen der Stadt erhob sich ein Gauner-, Hehler- und Prostitutionsmarkt ohnegleichen, dessen die Behörden nicht mehr Herr wurden. Zunächst im Bahnhof und auf den ihn umgebenden Plätzen. Hier wurde in der schweren Brotmarkenzeit, wo man Brot, Fleisch und Milch nur in kleinsten Rationen gegen teures Geld und nach stundenlangem „Schlangenstehn" erhalten konnte, unter der Hand ein schwunghafter Handel mit gestohlenem und heimlich geschlachtetem Nutzvieh, auch mit Kaninchen, Ziegen, Hunden und Katzen, mit Kartoffeln, Mehl und mit allerhand gepaschter und verschobener Ware getrieben; vor allem aber mit Kleidern, Wäsche und Schuhen. Hier versammelten sich allnächtlich in den Wartesälen viele Obdachlose, Arbeitslose, Hungrige und Entgleiste.

Geht man vom Bahnhof aus die breite Baumallee der Bahnhofsstraße entlang, so gelangt man nach wenigen Minuten in die Georgstraße, die Herzader der Stadt. Ein weiter Boulevard, lindenüberblüht, voller Beete, Gartenanlagen, Pavillons und Denkmäler. Und dort zwischen dem alten berühmten Hoftheater und den schönen Gartenanlagen des sogenannten Café Kröpcke befand sich um 1918 ein zweites Zentrum der Sittenlosigkeit: der „Markt der männlichen Prostituierten", deren 500 damals in den Polizeilisten eingeschrieben standen, indes der Kriminaloberinspektor die Gesamtzahl der sogenannten Homosexuellen in Hannover auf nahezu 40 000 veranschlagte. Sie bildeten eine eigene kleine Welt. In einem der schönsten Lokale der Kalenberger Vorstadt, dem sogen. Neustädter Gesellschaftshaus veranstalteten sie Gesellschaftsabende und Bälle, bei denen Knaben und Jünglinge in weiblicher Ballkleidung den Damenflor vertraten. Ein zweiter minder vornehmer Treffpunkt war der alte Ballhof, ein Barocksaal aus der Königs- und Kurfürstenzeit. Und für die allerunterste Schicht gab es in einer der ältesten und verrufensten Straßen der Altstadt, welche „Neue Straße" heißt, ein kleines Tanzlokal, genannt „Zur schwulen Guste", wo nur auf ein bestimmtes Zeichen hin zugelassen, lesbische Mädchen und gleichgeschlechtlich gerichtete Männer nachts zusammenkamen. Aber das dritte Hauptzentrum alles Luder- und Lasterlebens war die malerische Altstadt, dort wo der Fluß an dem sogenannten Hohen Ufer entlang eine von vielen Brücken überquerte, als „Klein-Venedig" bekannte, uralte Inselstadt bildet: Verfallene Winkel, Jahrhunderte altes Gemäuer, ein trotziger altsächsischer Beguinenturm und ein Gewirr von Giebeln, Fachwerk und baufälligen, noch ans Mittelalter mahnenden Gassen, aus deren Mitte jene Kirche ragt, in welcher Leibniz begraben liegt, sowie der auf dem „Berge“, einer plangemachten Rampe, erbaute maurische Judentempel. Dieser Stadtteil, unmittelbar benachbart dem vom Strom bespülten mächtigen Schloß der Welfen, war einst der *vornehmste* Stadtteil, ist aber im Lauf der Zeiten, ähnlich der Umgebung des Berliner Schlosses, zum ärmsten Kaschemmen- und Verbrecherviertel herabgesunken. Gleich dem alten Hildesheim, Braunschweig und Goslar das Entzücken für jedes schönheitsuchende Auge, wurde dieses älteste Hannover die Brutstätte lichtloser, armutgelber, in Verfall und Moder atmender, zum Unglück verfluchter Geschlechter. –

Die „Neue Straße“ mit dem einstigen Wohnhaus des Herzogs Friedrich Wilhelm von Braunschweig, dem späteren Armenhaus, zieht sich entlang der steilen Uferhöhe des Flusses. Die Hinterwände ihrer dreihundertjährigen Häuser, ihre Erker und Balkone stürzen jäh hinab in den Fluß, über dessen Ufern die grünumbuschten armen Höfe und rührend bescheidenen Gärtchen schweben. Nicht weit davon, dem Judentempel gegenüber, liegt die sogenannte „Rote Reihe“; eine Gruppe müder, einander kaum noch stützender morscher Häuser, in deren einem (dem Mordhaus benachbart) einst der Elektrotechniker Rühmkorff die Induktionselektrizität entdeckte. In diesem schmutzigen Häusergewirr, auf den seit Jahrhunderten ausgetretenen elenden Holzstiegen, in Verschlägen, mehr Käfigen gleich, nur durch dünne Tapetenwände oder Bretterverschläge voneinander abgetrennt, hausten in Deutschlands Elendszeit die Ärmsten der Armen. Die aus dem großen Kriege übriggebliebene Jugend hatte die Lehre begriffen, daß man um eines Rockes, um eines Paar Stiefel willen den Feind töten darf. Und „Feind“ ist jeder andere. Auf der „Insel“ war Diebesbörse und Hehlermarkt. Hier wurde (in der Sprache dieser Hinterwelt geredet) allabendlich geküngelt und gekütchebücht. Hier wurde Schores geschoben (d. h. Diebesware verhandelt), wurde Rebbes gemacht, wurde manche „heiße Sache gedreht“. Abends, wenn der Mond hing über den morschen Dächern und grauen Schloten und den gespenstigen schwarzen Fluß versilberte, kam die schwere, dürre, zermürbte, zerarbeitete Leidensmenschheit aus ihren alten Kästen hervor und hing und hockte über der stinkenden Lagune, auf der alten Brücke: arme, sorgenschwere, kinderreiche Mütter, müdegewordene, früh verstumpfte Männer. Und dazwischen wimmelte lebensgierig das junge Volk; die Unzahl der Gassendirnen und ihrer Zuhälter,

„Nepper“, „Strezer“, „Schoresmacher“, die in der „Kreuzklappe“, im „Kleeblatt“, im „Deutschen Hermann“ manche Missetat baldowerten, während die rätselhaften Sterne glitzerten im dunklen Wasser des in sich selbst versumpfenden Stromes.

Die ersten Leichenfunde

Am 17. Mai 1924 fanden Kinder, die an der Wasserkunst nahe dem Schloß Herrenhausen spielten, einen Menschenschädel. Am 29. Mai wurde mitten in der Stadt an der Bruckmühle hinterm Leineschloß im Mühlengraben ein feiner Jünglingsschädel angespült. Am 13. Juni klagten die augenlosen Höhlen zweier neuer Schädel zum Licht. Wiederum: der eine im Osten der Stadt bei der Wasserkunst; der andere im Westen neben der Brückmühle. Die gerichtsärztliche Untersuchung ergab, daß es sich handelte um Köpfe junger Menschen im Alter von 18 bis 20 Jahren. Bei dem am 13. Juni bei der Brückmühle gefundenen um den eines 11 bis 13 Jahre alten Knaben. Bei allen Schädeln war festzustellen, daß sie mit einem scharfen Instrument vom Rumpfe getrennt worden waren. Fleischteile fehlten fast völlig oder waren verwest, da die Knochen anscheinend schon lange Zeit im Wasser gelegen hatten. An dem am 13. Juni bei der „Wasserkunst“ gefundenen Kopf ließ sich feststellen, daß die Kopfhaut durch einen skalpartigen Schnitt vom Knochen abgelöst worden war. Man riet zunächst darauf, daß die Schädel aus der Göttinger Anatomie stammten, oder daß sie in Alfeld, wo zu jener Zeit eine Typhusepidemie herrschte, in die Leine geworfen waren, oder endlich, daß sie ins Wasser geschleudert wurden, gelegentlich von Gräberschändungen, die im Engesohder Friedhof entdeckt wurden. Keine von diesen Vermutungen bestätigte sich. Dagegen fanden Knaben, die auf einer Wiese in der Döhrener Masch spielten, einen Sack mit menschlichen Knochen, und am 24. Juli wurde in der Feldmark Garbsen abermals ein offenbar vom Körper getrennter skalpierter Schädel aufgefunden, welcher wiederum von einem ganz jungen Menschen stammte. Die vielen Knochenfunde konnten nicht verborgen bleiben. Es bemächtigte sich weiter Volkskreise eine schon lange vorbereitete Schrecksucht. Schon seit Jahr und Tag nämlich war im Volke ein abergläubisches Gerücht im Schwange: „Es gibt in der Altstadt Menschenfallen. Junge Kinder verschwinden in Kellern. Knaben werden in den Fluß versenkt.“ Man erzählte, daß in der schweren Notzeit Menschenfleisch auf dem Markt verkauft worden sei. In den Dörfern um Hannover weigerten sich junge Mägde, in die Stadt einkaufen zu gehen. Und die ungewisse Angst vor einem die Gegend unsicher machenden „Werwolf“ wuchs von Tag zu Tag. In den Jahren 1918 bis 1924 waren außergewöhnlich viele Menschen vermißt oder verschwunden. Im Jahre 1923 wuchs die Zahl der als vermißt Gemeldeten auf fast 600, und wenn auch die größere Anzahl der Vermißten sich wieder einfand, so blieb doch im Vergleich mit anderen gleichgroßen Städten die Anzahl der Verschwundenen in Hannover ziemlich groß. Die Nachforschung zeigte, daß es sich recht häufig handelte um Knaben und Jünglinge zwischen 14 und 18 Jahren.

Am Pfingstsonntag des Jahres 1924 zogen Hunderte aus Hannover und Umgebung an die „Hohen Ufer", besetzten die kleinen Stege und Leinebrücken der Altstadt und begannen ein fieberhaftes Suchen nach Leichenteilen und Knochen. Am fünften Juli in der Morgenfrühe wurde, nachdem man noch eine ganze Anzahl menschlicher Knochen gefunden hatte, das ganze Flußbett von der Brückmühle an bis zur großen Leinebrücke am Clevertor abgedämmt und durch Polizeibeamte und städtische Arbeiter gründlich nach Leichenteilen durchsucht. Diese Stelle der Leine liegt mitten in der Stadt. Sie kann von Selbstmördern wegen des dort stattfindenden starken Verkehrs nicht aufgesucht werden. Das Ergebnis war furchtbar. Es wurden über 500 Leichenteile gefunden, deren Untersuchung durch den Gerichtsarzt ergab, daß es sich um die Reste von mindestens 22 Personen handelte, von denen ungefähr ein Drittel im Alter zwischen 15 und 20 gestanden haben mochte. Etwa die Hälfte hatte schon längere Zeit im Wasser gelegen. – An den noch frischen Knochen aber wiesen die Gelenke glatte Schnittflächen auf.

Inzwischen war teils durch das forsch zugreifende Vorgehen des Kriminalkommissars Retz, eines freundlichen jungen Riesen, teils durch eine Reihe merkwürdiger Zufälle die Aufklärung gelungen. Am 23. Juni wurde der vermutliche Täter ins Gerichtsgefängnis eingeliefert. Es war der am 25. Oktober 1879 zu Hannover geborene Friedrich, genannt Fritz, Haarmann; fünfzehnmal vorbestraft; seit 1918 Spitzel im Dienste der Kriminalpolizei; im übrigen Handel treibend mit Kleidern und Fleisch; seit vielen Jahren auf der Sicherheits- und Kriminalpolizei bekannt als Homosexueller. – Seine Erscheinung warf alle gewohnten Vorstellungen von Mord und Mördern über den Haufen.

Das Signalement

Vor uns steht eine keineswegs unsympathische Erscheinung. Äußerlich betrachtet: ein schlichter Mann aus dem Volk. Freundlich blickend und gefällig, zuvorkommend; auffallend gepflegt, sauber und „tipp-topp". Er ist gut mittelgroß, breit und wohlgebaut und hat ein zwar derbes, grobes aber gleichsam wie blankgescheuertes, klares und offenes Vollmondgesicht mit frischen Farben und kleinen neugierigen und fröhlichen Tieräuglein. Sein Schädel ist rund, zeigt breite fliehende Stirn, schmales Mittelhaupt und eine steile Linie des Hinterhauptes. Die Ohren sind nicht groß, liegen ein wenig unterhalb der Augenhöhe und stehen vom Kopf ab. Auch die Nase ist nicht groß und so wenig auffallend wie das ganze Antlitz. Im Profil nicht unedel, sieht sie doch von vorn betrachtet etwas knollig aus, ist an der Wurzel breit und hat starke witternde Flügel. Der Mund ist klein, frech und dicklippig. Die Zunge, in der Erregung vorschnellend und die Lippen netzend, ist auffallend fleischig; die Zähne sind weiß, stark, scharf und gesund; das Kinn tritt energisch vor. Die Oberlippe schmückt ein kleines englisches Bärtchen, die vollen Wangen sind sauber rasiert. Sein bräunliches Haupthaar, glatt anliegend und links gescheitelt, ist nicht eben voll. Das zwischen braun und grau schillernde Auge ist kalt und seelenlos; aber gerissen und verschlagen und meistens in Bewegung. Der Blick ist suchend nach außen gekehrt; aber vergletschert zu unnahbarer Verschlossenheit, sobald die hysterisch auf- und abflutende Stimmung auf Peinliches festgelegt wird. Merkwürdig aber ist folgender Gegensatz: Diese Physiognomie ist auffallend gebunden, ungelöst, und „wie eingespunden im Fasse ihres Ich“. Zugleich aber gibt sich der Mann unerträglich geschwätzig, mitteilungsbedürftig und überbeweglich. Er redet fortwährend auf sein Gegenüber ein; dabei fuchtelt er mit seinen weißen weichlichen Händen und den langen Fingern, an denen er in der Nervosität unaufhörlich zerrt und zupft. An der linken Hand fehlt ihm ein Fingerglied. Er gibt an, daß es bei einer Schlägerei ihm abgebissen worden sei. Auch sein Rumpf ist gut entwickelt; der Nacken ist stark und gemein; Brust und Rücken zeigen wie das Gesäß rundliche weibische Fettpolster. Der Leib ist zwar derb, aber hat etwas vom Weibe. Das Geschlechtsglied ist stark; die Schambehaarung verläuft nicht im spitzen Winkel zum Nabel, sondern im flachen Bogen oberhalb des Schambeines. Die plumpen Füße haben flache Sohlen. Die Stimme, breiig, schleimig und nah am Diskant, erinnert an das Organ alter Frauen. Der ganze Habitus ist „androgyn“. Man möchte sagen: nicht männlich, nicht weiblich, nicht kindlich. Aber männisch, weibisch und kindisch zugleich. Am auffallendsten an dem Mann (leider von den Sachverständigen nicht studiert und nicht einmal beachtet) sind die vielen Automatismen und Stereotypien. (Als „Automatismen“ bezeichne ich solche Ausdrucksbewegungen, die unwillkürlich wiederkehren; als „Stereotypien“ solche, die allmählich zu Gewohnheit geworden sind.) Automatisch sind z. B.

gewisse Bewegungen: eine Art Taperigkeit oder Tatteligkeit des Ganges, sodann (besonders wenn man ihn lobt oder in Verlegenheit bringt) eine fast kokette Schwänzelei mit Gesäß und Unterkörper. Ferner: sobald er müde wird, beginnt er automatisch mit der linken Hand an eine bestimmte Stelle des rechten Mittelhauptes zu greifen, als wenn sich dort ein kranker Fleck befände. Wenn er den Faden verliert (denn er muß wie Sternes Korporal Trim „alle Sachen ganz von vorn erzählen") macht er eine typische Leckbewegung mit der fleischigen Zunge. Stereotyp ist an ihm jenes ewige Zerren an den Fingern, das Benetzen der Lippen, das Einkneifen der Augenlider, sobald er eine Verteidigungshaltung annimmt. Auch sind alle seine Reden übervoll von stereotypen Redensarten. (Nüch? nüch wahr? Och! Och ne! „Und so weiter, und so weiter!" Auch Unsinn! ... Er spricht übrigens auffallend hannoveranisch.) Bestimmte Lieblingsvorstellungen kehren immer wieder. (Z. B., daß alle Jungen in ihn verliebt seien; daß nicht er hinter Knaben, sondern daß die Knaben alle hinter ihm her seien; daß auch die Frauen [die er im übrigen tief verachtet und gleichsam als Nebenbuhlerinnen empfindet] gern mit ihm „poussieren" möchten.) Obwohl er nicht den mindesten Sinn hat für fremde Rechte und überhaupt keine sozialen (sympathischen, altruistischen; aus Mitleid fließenden) Gefühle hegt, ist er doch durchaus gesellig. Die beiden tiefsten Gefühle seiner Natur sind das Bedürfnis nach Wollust und das Bedürfnis nach Zärtlichkeit. Und sie sind so aneinandergefesselt, wie im Mahabharata der Menschenfresser Hidimba, der Dämon der Blutgier, gebunden ist an seine Schwester Hidimba, die Göttin der zärtlichen Schönheit. Er möchte geliebt, ja er möchte gerne bewundert sein und steckt voll von Beachtungs- und Beeinträchtigungsideen, wobei er mault und schmollt wie ein dummes störrisches Kind, das sich immer benachteiligt wähnt. – Er liebt weibliche Arbeiten, backt, kocht und stopft Strümpfe, raucht aber dabei schwere Zigarren. Immerhin gehört er zum Typus des „Weibmannes" (der sogenannten Tante). Seine Lieblingsgenüsse sind Bohnenkaffee, starke Zigarren und Harzkäse. Im allgemeinen erscheint er wie ein gar nicht bösartiges, ganz im Augenblick lebendes, völlig eigenbezügliches und durchaus triebhaftes Tier; renommistisch, aber leicht lenkbar. Jede Vorstellung, die man ihm eingibt, hat die Strebung für sein Bewußtsein sofort „Wirklichkeit" zu werden; eben darum ist er vollkommen außerstande, *abstrakte*, d. h. unbildliche Vorstellungen festzuhalten. Man könnte in dieser Hinsicht sagen, daß sein Verstand weit schlechter entwickelt ist, als seine Vernunft. Dieser „Kurzschluß" zwischen Vorstellung und Wirklichkeit ist so unmittelbar, daß, wenn er z. B. vom Köpfen („Geköppt werden“) spricht, er bildhaft den Gang zum Schafott und das Fallen des Fallmessers dem Besucher vorahmt; wenn er erzählt, wie er die Leichen zerstückelte, so ahmt er mit den Händen die Schnitte nach; steigert er sich in Sentimentales hinein („Ich will auf dem Klagesmarkt hingerichtet werden. Auf meinem Grab steht der Spruch: „Hier ruht der Massenmörder Haarmann.“ An meinem Geburtstag kommt Hans und legt einen Kranz nieder“), dann kommen ihm sogleich Tränen ins Auge; berichtet er von Geschlechtlichem, dann greift er (selbst im Gerichtssaal) automatisch in die Geschlechtsgegend. Er ist ein Stück Natur; ohne Logik und ohne Moral. Aber auch ohne logische und moralische Heuchelei.

Elternhaus und Jugend

Am 25. Dezember 1921 verstarb, 76 Jahre alt, in Hannover der „olle Haarmann“. Manche Hannoveraner erinnern sich noch an das vermickerte, gnitterische, zänkische, immer übellaunige und übelnehmerische Männlein als an das Urbild eines Krakeelers und mißwollenden Pfennigfuchsers. – – Hinter allen „Schürzen“ war er her. Abendlich aber randalierte oder prahlte er in den alten Pinten, Kabakken und Kabuffs der Altstadt. Schon sein Vater war Querulant und Trinker gewesen. Und in der Familie gab es ebensoviel Erbbelastete wie in Zolas Familie Rougon-Macquart. Der „olle Haarmann“ war in seiner Jugend Lokomotivheizer; hatte aber den Dienst, darin er für unzuverlässig galt, 1886 verlassen, wegen eines angeblich im Betrieb erlittenen Unfalls, wobei sein Lokomotivführer zu Tode kam. Er prozessierte, ein typischer Rentenhysteriker, mit der Eisenbahndirektion, obwohl er eigentlich in ganz behaglichen Verhältnissen leben konnte. Denn durch eine Nutzheirat mit einer sieben Jahre älteren Frau, seiner am 5. April 1901 verstorbenen Ehefrau Johanne, geb. Claudius, waren ihm ein paar Häuser und ein kleines Vermögen in die Hände gekommen, so daß er in der „Gründerzeit“ zum wohlhabenden Bürger geworden, fortan auskömmlich zu leben vermochte. – Er war ein wüster, zänkischer, kleinlicher, verschlagener Mensch, und sein unzufriedenes Wesen wurde unleidlicher noch, als er, in reifen Jahren syphilitisch geworden, seinen alten Frauenzimmergeschichten – (bald nach seiner Heirat schon nahm er mehrfach Maitressen ins Haus) – nicht mehr nachgehen konnte . . . Die Mutter des Mörders war eine einfältige, etwas blöde Person, früh verbraucht, überaltert und seit der Geburt des sechsten Kindes (eben des Triebverbrechers) immer bettlägerig dahinkränkelnd. Von den sechs Kindern wurde der älteste Sohn Adolf ein braver kleinbürgerlicher Werkmeister auf der „Continental“, ordentlicher Philister und Familienvater. Der zweite Sohn,

Wilhelm, wurde in jungen Jahren wegen eines Sittlichkeitsdelikts bestraft, begangen an dem 12jährigen Töchterchen eines benachbarten Gastwirts, und auch die drei Töchter, alle drei von ihren Männern früh geschieden, erwiesen sich als leicht aufgeregte, triebbelastete Naturen. Eine der Schwestern, Frau Rüdiger, verstarb in den Kriegsjahren. Mit der zweiten, Frau Erfurdt, konnte der Mörder sich nie recht vertragen, und nur die Schwester Emma, eine Frau Burschel, blieb stets mit ihm verbunden, was aber doch nicht ausschloß, daß auch diese beiden Geschwister zwischendurch miteinander prozessierten, ja, daß der Bruder gelegentlich in dem Zigarrenladen der Schwester Diebstähle und sogar Einbrüche veranstaltete, die er nachher unter Tränen ableugnete oder anderen in die Schuhe schob. – Friedrich (genannt Fritz), Heinrich, Karl Haarmann wurde am 25. Oktober 1879 als jüngstes Kind geboren; die Mutter war damals 41 Jahre alt. Aus der frühesten Jugend wissen wir nur (aus Erzählungen der Geschwister), daß dieses Kind von der immer kränklichen Mutter sehr verhätschelt wurde. – Für den Seelenforscher ist es von Wichtigkeit, daß schon der kleine Knabe in dem Vater eine Art Nebenbuhler sah, welchen er haßte und tot wünschte. Durch das ganze Leben zieht sich diese Feindschaft mit dem Vater. Die beiden beschuldigen und bedrohen einander. Der Vater droht, den Sohn ins Irrenhaus zu bringen, der Sohn will den Vater (wegen eines angeblichen Mordes an seinem Lokomotivführer) ins Zuchthaus setzen. Es kommt immer wieder zu Mißhandlungen und Schlägereien. Jeder behauptet, daß der andere ihm nach dem Leben trachte, ihn vergiften wolle, ihn beeinträchtige. Zwischendurch verbinden sie sich aber auch mal wieder zu gemeinsamen Betrügereien oder entlasten einander vor Gericht. Das Verhältnis Haarmanns zur Mutter dagegen ist von immer gleicher Schwärmerei. Sie ist die einzige, von der er Gütiges zu erzählen weiß und stets mit sentimentalen Gefühlen spricht. Im übrigen ist die Familie heillos zerrüttet. Die Geschwister prozessieren unaufhörlich. Erst um das Erbteil der am 5. April 1901 verstorbenen Mutter; späterhin auch um das väterliche Erbe. Aus den Anekdoten, die wir aus den Kinderjahren Haarmanns erfahren konnten, entnehmen wir zwei Züge: Erstens seine weiblichen („transvestiten“) Neigungen. Er spielte gern mit Puppen, machte auch weibliche Handarbeiten und wurde in Gesellschaft von Knaben rot und verlegen. Zweitens: seine Neigung, Angst und Entsetzen in seiner Umgebung zu erregen, indem er die Schwestern festband, ausgestopfte Kleiderpuppen auf die Treppe legte, heimlich nachts an die Fenster klopfte und Gespensterfurcht erweckte. Ostern 1886 kam er auf die Bürgerschule 4 am Engelbostelerdamm. Die Lehrer schildern das hübsche Kind als verwöhnt, verzärtelt, still, leicht lenksam, allgemein beliebt und verträumt. Sein Betragen war „musterhaft“; aber alle Leistungen weit unter Durchschnitt. Nachdem er zweimal (1888 und 1890) in der siebenstufigen Schule „sitzengeblieben“ war, wurde er 1894 als Schüler der 3. Klasse in der Christuskirche von Pastor Hardelandt konfirmiert. Noch nach einem Menschenalter beklagte er sich bitter darüber, daß er bei dieser Gelegenheit ein altes Gesangbuch getragen habe, während seine Geschwister ein neues bekommen hätten. Er sollte nun Schlosserlehrling werden, erwies sich aber als unbrauchbar, und so gab man ihn mit einem Schub anderer Kapitulanten auf die Unteroffizier-Vorschule Neu-Breisach. Am 4. April 1895 kam er in Neu-Breisach im Breisgau an: ein körperlich gut entwickelter, kräftiger, etwas zu Korpulenz neigender, 16jähriger, gesunder Junge mit hübschem, regelmäßigem aber ausdruckslosem Gesicht. Er war ein guter Turner, ein folgsamer Soldat; aber am 3. September wird er in das Garnison-Lazarett überführt, weil sich plötzlich „Anzeichen von geistiger Störung“ bei ihm bemerkbar machten. Es handelte sich um zeitweise Bewußtseinstrübungen (Absenzen) oder um eine Angstneurose. Man führte sie auf eine Gehirnerschütterung beim Reckturnen zurück oder auf einen während der Manöverübungen erlittenen Sonnenstich. Nach 14 Tagen wurde er als gesund entlassen, weil nur vorübergehende Halluzinationen hatten festgestellt werden können. Aber schon am 11. Oktober mußte er wiederum dem Lazarett zugeführt werden, weil sich bei ihm erneut eine Störung zeigte, die im Krankenjournal bezeichnet wurde als „Epileptisches Aequivalent“. So wurde er denn am 3. November 1895 als ungeheilt in die Heimat entlassen, nachdem er selbst um seine Entlassung gebeten hatte, „weil es ihm auf der Unteroffizierschule nicht mehr gefalle“. Sein Vater, der 1888 eine kleine Zigarrenfabrik begründet hatte, wollte ihn in dieser beschäftigen, aber da der Junge nicht arbeiten mochte, so kam es nun täglich zu neuen Zänkereien zwischen Vater und Sohn. Inzwischen hatte auch das Geschlechtsleben des Frühentwickelten mächtig eingesetzt. Nachdem (offenbar schon im siebenten Lebensjahr) Geschlechtsvergehen auf der Schulbank den Jungen früh verdorben hatten und ihn zum Verderber für andere Knaben werden ließen, scheint seine erste „Liebeserfahrung“ die gewesen zu sein, daß eine in der Nachbarschaft wohnende 35jährige mannweibliche Frauensperson den 16jährigen dazu verführte, nachts über ein Dach hinweg durchs Fenster bei ihr einzusteigen; von da ab setzten dann ein: jene fortwährenden Sittlichkeitsdelikte an kleinen und größeren Kindern, die durch das ganze Leben Haarmanns, man könnte fast sagen Tag um Tag, hindurch gehen (und es bedauerlich machen, daß man diesen

Triebirrsinnigen nicht nach dem neunten oder zehnten Triebvergehen ruhig *kastriert* hat, wodurch alle seine späteren Mordtaten wären verhindert worden). Mitte Juli 1896 wurde ein erstes Strafgerichtsverfahren gegen den 17jährigen eingeleitet, weil er in mehreren Fällen kleine Kinder in Hauseingänge oder in Keller gelockt und mit ihnen unzüchtige Handlungen vorgenommen hatte. Auf Entschluß der Strafkammer wurde am 6. Februar 1897 der Bursche zur Beobachtung seines Geisteszustandes in die Provinzial-Heil- und Pflegeanstalt Hildesheim überführt. Hier wurde bei ihm „Geisteskrankheit" (angeborener Schwachsinn) festgestellt. Er wurde am 25. März 1897 in Hildesheim entlassen und nunmehr von der Polizei als „gemeingefährlicher Geisteskranker" dem städtischen Krankenhaus auf der Bult in Hannover zugeführt. Das Strafverfahren wurde auf Grund des § 51 StGB eingestellt. Im Bultkrankenhaus verblieb der Schwerbelastete bis zum 28. Mai 1897. An diesem Tage wurde er auf Antrag des Magistrats Hannover wieder in die Hildesheimer Irrenanstalt gebracht, nachdem durch das Gutachten des Stadtarztes Dr. Schmalfuß (den ich als besonnenen und gewissenhaften Arzt kannte), *unheilbarer Schwachsinn* festgestellt war. In der Irrenanstalt nun muß der junge Mensch ein „psychisches Trauma", d. h. eine Seelenverängstigung erlitten haben, die für sein ganzes weiteres Leben entscheidend blieb. Obwohl ich Haarmann als einen Erzschauspieler gekannt habe und nie geneigt war, ihm eine Angabe mehr als halb zu glauben, so glaube ich ihm doch ohne weiteres jene immer wiederkehrende Angst vor dem Irrenhause, die ihn immer neu ausrufen ließ: „Köpft mich; aber bringt mich nicht wieder ins Irrenhaus." – Der Kreis von Lebensschmarotzern, der in späteren Jahren den monomanen Triebirrsinn des Unseligen ausnutzte und gleichsam auf den Spuren dieses Werwolfs sein Leben fristete wie Hyänen auf Spuren des Panthers, hatte unbedingt Gewalt über Haarmann, so bald man ihn nur mit der Drohung einschüchterte: „Wir bringen dich ins *Irrenhaus*." Schon am 13. Oktober gelang es ihm, gelegentlich einer Gartenarbeit aus dem Irrenhause zu entweichen. Aber fünf Tage später wurde er in seiner elterlichen Wohnung ergriffen und nach Hildesheim zurückgebracht. Aber von nun ab lauerte er nur auf Gelegenheit, wieder auszubrechen. Sie bot sich, als man ihn Weihnachten nach der Idiotenanstalt in Langenhagen versetzte; zwei Tage später, am 25. Dezember 1897 – während der Lichterbaum brannte – war er entwichen. Er flüchtete – anscheinend mit Hilfe der Eltern – in die Schweiz, wo ein Verwandter der Mutter in der Nähe von Zürich als Kunstmaler lebte. Unerklärlich freilich ist es, wie es ihm gelang, von der Polizei ein Unbescholtenheitszeugnis zu erhalten.

Von Mai 98 bis März 99 arbeitete er erst als Handlanger auf einer Schiffswerft, dann beim Apotheker Dürenberger in Zürich. Im April 99 kehrte er nach Hannover zurück, wo inzwischen sein Entweichen in Vergessenheit geraten war. Er war jetzt 20 Jahre alt . . .

Wieder begann das alte Lungerleben. Der Vater versuchte, ihn in seiner Zigarrenfabrik zu beschäftigen. Der Sohn zeigte sich arbeitsscheu. Vater und Sohn schlugen sich; die schwache, vom Mann unterdrückte Mutter trat ohne rechten Rückhalt für den Jungen ein. In einem dem alten Haarmann gehörigen Haus in der Burgstraße wohnte ein Arbeiter namens Loewert. Seine Tochter Erna, ein derbes, blondes Mädchen, grob und hübsch, wurde Haarmanns „Braut“; Weihnachten 1899 verlobten sie sich förmlich, mit Einstimmung der beiden Familien, die von dieser festen Bindung eine Heilung für das Herumstreichertum des jungen Mannes erhofften. Dieses Liebesverhältnis dauerte drei Jahre. Die Erna Loewert wurde die nächste Freundin der Schwestern Haarmann. Sie wurde im Jahre 1901 von dem 23jährigen Burschen schwanger; aber das Kind wurde durch eine Hebamme abgetrieben. Im Oktober 1900 erhielt Haarmann einen Gestellungsbefehl. Er unterbrach sein arbeitsscheues Herumtreiberleben, um abermals Soldat zu werden. Am 12. Oktober 1900 wurde er als Ersatzrekrut beim Jägerbataillon 10 in Bitsch bei Colmar eingestellt. Von dieser Zeit sprach er stets als von der schönsten seines Lebens. Seine Vorgesetzten waren mit ihm zufrieden. Hauptmann v. Gottberg nahm ihn zum Burschen. Leutnant Fischer lobte ihn als „den besten Schützen in der Kompanie“. In diese Militärdienstzeit fiel der Tod seiner Mutter, zu deren Beerdigung er Ostern 1901 nach Hannover in Urlaub fuhr. Der Vater wollte jetzt den Verkehr mit der Erna Loewert nicht mehr leiden und schrieb, um das Verhältnis zu hintertreiben, an den Bataillonskommandeur nach Bitsch; aber man hatte keinen Anlaß, den dienstwilligen Soldaten zu tadeln, bis im Oktober die Manöver kamen und bei einem anstrengenden Marsch Haarmann zusammenbrach, wonach Schwindelanfälle und Schwächezustände eintraten, infolge deren er am 4. Dezember wegen „Neurasthenie“ ans Garnisonlazarett in Bitsch überwiesen wurde. Hier soll ein junger Stabsarzt sich für den hübschen Jungen ungebührlich interessiert haben. Er blieb länger als vier Monate im Lazarett. Da man aus seinem Leiden nicht klug werden konnte, so wurde er am 14. Mai 1902 nach Straßburg ins Garnisonlazarett I auf die Station für Nervenkranke überführt. Und dort wurde Folgendes festgestellt: „Es liegt ein schon lange bestehender Intelligenzdefekt vor, der aber nur bei systematischer

Prüfung zu Tage tritt, da im übrigen Haarmann durchaus keinen schwachsinnigen Eindruck macht. Mit höchster Wahrscheinlichkeit ist anzunehmen, daß er im Jahre 1895 an Hebephrenie (Jugendirrsinn) erkrankte, daß sich hieran ein erheblicher Schwachsinn anschloß, der eine angeborene Idiotie vortäuschte, worauf allmählich wieder eine gewisse Besserung eintrat. Haarmann ist wegen überstandener Geisteskrankheit, die einen gewissen Schwachsinn hinterlassen hat, für dienstunbrauchbar und teilweise erwerbsunfähig zu betrachten." – Beim Generalkommando des 15. Armeekorps in Straßburg wurde angenommen, daß das früher bei Haarmann bestehende Leiden durch den Militärdienst, insbesondere durch die Anstrengungen bei den Herbstübungen 1901 erheblich verschlimmert worden sei. Durch Verfügung vom 23. Juli 1902 wurde er demgemäß „auf Grund innerer Dienstbeschädigung als dauernd ganzinvalide, zeitig *teilweise* erwerbsunfähig und dauernd untauglich zur Verwendung im Zivildienst anerkannt". Er wurde sodann am 28. Juli vom Jägerbataillon in Bitsch entlassen. In der Überweisungsnationale ist seine Führung als „recht gut" bezeichnet. – Er bezog von nun an eine militärische Rente, die monatlich 21 Mark betrug. Er zog nunmehr zu seiner in Hannover wohnenden Schwester, Frau Burschel. Und wieder begann der alte Kriegszustand mit dem Vater. Er verklagte diesen (1902) auf Gewährung von Unterhalt, da er wegen seines Nerven- und Herzleidens außerstande sei, regelmäßig zu arbeiten und von seiner militärischen Rente nicht leben könne. Der Vater wendete ein, daß der Sohn seine Krankheit nur vorgetäuscht habe, um vom Militär frei kommen und sein Verhältnis mit der Erna Loewert fortsetzen zu können. Er sei ganz gesund und nur zu träge, um regelmäßig zu arbeiten. Haarmann wurde denn auch mit seiner Klage auf Unterhalt abgewiesen. Aber nunmehr wurde das Verhältnis zum Vater vollends unerträglich. Im Februar 1903 erstattete der Vater bei der Staatsanwaltschaft Anzeige, daß Haarmann ihn und seine Geschwister mit Totschlag bedroht, ihn der Ermordung des Lokomotivführers Schröder bezichtigt und von seinem Bruder Adolf habe Geld erpressen wollen. Gleichzeitig beantragte er (eigentlich im Widerspruch zu der früheren Angabe, daß der Sohn seine Krankheit nur *vortäusche*) den Haarmann als gemeingefährlichen Geisteskranken in eine Irrenanstalt unterzubringen. Das Verfahren wurde eingestellt, weil die Angehörigen bei ihrer polizeilichen Vernehmung die Behauptungen des Vaters nicht bestätigten. Der Sohn drehte nun den Spieß um und verklagte den Vater wegen wissentlich falscher Anschuldigung, worauf nunmehr wieder die Geschwister bei ihrer gerichtlichen Vernehmung die Angaben des Vaters bestätigten, so daß auch dies Verfahren ergebnislos eingestellt werden mußte. Auf Grund der in der Anzeige des Vaters enthaltenen Angaben über die *Gemeingefährlichkeit* des Sohnes veranlaßte aber nunmehr das Polizeipräsidium in Hannover eine Untersuchung durch den Kreisarzt Dr. Andrae. Dieser erstattete am 14. Mai 1903 sein Gutachten. Es kam darauf hinaus, daß „Haarmann zwar moralisch minderwertig, wenig intelligent, träge, roh, leicht reizbar, rachsüchtig und gänzlich egoistisch, nicht aber im eigentlichen Sinn „geisteskrank" sei, so daß kein Anlaß bestehe, ihn von Amts wegen in eine Irrenanstalt unterzubringen". Demgemäß wurde davon Abstand genommen. So war denn der Wolf (24 Jahre alt) auf die menschliche Gesellschaft losgelassen.

Auf der Verbrecherlaufbahn

Zunächst versteckte sich der junge Faulpelz hinter seiner „Braut". Der Vater leiht 1500 Mark. Damit begründet der Sohn auf den Namen seiner Braut ein Fischgeschäft. (An der Lutherkirche 9.) Davon soll sie ihn ernähren. Er selbst versucht sich als Versicherungsagent; arbeitet aber gar nicht mehr, als durch Verfügung des X. Armeekorps in Hannover vom 15. Juli 1904 er als dauernd ganzinvalide und *größtenteils* erwerbsunfähig anerkannt und seine Monatsrente auf 24 Mark erhöht wird. Schon zu Anfang 1904 war das vom Vater erhaltene Geld völlig aufgezehrt, und mit dem Fischgeschäft ging es abwärts. Um diese Zeit ging auch die Verlobung mit Erna in die Brüche. Haarmann erzählt uns das so: „Erna war in anderen Umständen von mir; sie war lieb zu mir und wollte weiter poussieren; aber ich konnte nicht mehr. Sie verkehrte mit Student Heinemann. Ich sagte es zu Emma. Da wurde Erna giftig und hat mich aus dem Geschäft „rausgeschmissen", und da es auf ihren Namen eingetragen war, konnte ich nichts machen." – Die Wahrheit ist, daß Haarmann bei seinem Luderleben um diese Zeit gonorrhoisch erkrankte und seither, den Frauen gegenüber immer gleichgültiger werdend, sich ausschließlich einem gleichgeschlechtlichen Triebleben dahingab. Aber erst aus dem Frühjahr 1905 kann ein längeres Verhältnis mit einem Mann nachgewiesen werden, in welchem Haarmann zweifellos der passive Teil gewesen ist. Der Betreffende (um 1916 verstorben) war ein gräflicher Kammerdiener namens Adolf Meil, damals schon ein Mann Ende Vierzig (der von seiner ehemaligen Herrin eine Rente bezog, angeblich, weil er „etwas nachgeholfen hatte", als der alte Graf im Bad einem Schlaganfall erlag und die junge Gräfin zur Witwe machte). Haarmann erzählte die Anfänge dieser Bekanntschaft uns folgendermaßen: „Ich komme vom Jahrmarkt und denke reine gar nichts. Plötzlich redet einer mich an. Er hat 'ne Brille auf. Er sagt:

„Kommen Sie auch vom Marcht?“ Ich denke, das ist ein Schullehrer. Er nahm mich mit zur Nelkenstraße. Bei der Kranzbinderei von Goslar bleibt er stehen und sagt: „Hier wohne ich nun.“ Ich ging mit 'rauf. Er kochte Bohnenkaffee. Er küßt mich. Ich bin schüchtern. Mittlerweile wirds zwölf. Er sagt: „Es ist doch schon so spät, schlafe bei mir.“ Ich tat es. Er machte alles, was ich noch nicht kannte. Ich kriegt es mit der Angst. Ich habe ihm das ganze Bett vollgemacht. Danach lernte ich aber hundert solchene kennen.“ – Bis 1904 war Haarmann immer der Justiz entgangen. Aber von seinem 26. Lebensjahre an rollt sich ab eine solche Strafliste, daß in den folgenden zwanzig Jahren nahezu ein Drittel aller Tage in Untersuchungszellen, Gefängnissen oder Zuchthäusern verbracht wurde. Seine erste Straftat hat einen Beigeschmack von Komik. Er liest in der Zeitung, daß in der Ultramarinfabrik „Laux & Vaubel“ ein „Fakturist“ gesucht werde. Er weiß nicht, was das Wort Fakturist bedeutet, aber er entsendet ein glänzend geschriebenes Bewerbungsschreiben. Der Chef läßt ihn kommen, und er verspricht mit der ganzen Treuherzigkeit, die er vorzutäuschen verstand, jede nur erforderliche Leistung. Man ließ ihn nun Rechnungen ausziehen; aber entdeckt nach einigen Tagen zahllose Unpünktlichkeiten. Er entschuldigt sich mit Krankheit und gelobt Besserung. Auf seinem Büro arbeitet ein kleiner Lehrling, den er durch Zigaretten und Liebkosungen besticht, statt seiner die schwierigeren Arbeiten zu machen. Er selbst kontrolliert lediglich die Nummern der abfahrenden Wagen. Er freundet sich an mit der in der Fabrik reinmachenden Scheuerfrau Guhlisch. Eine energische, vorurteilsfreie Person mit einem ebenso „vorurteilsfreien“ zehnjährigen Schlingel von Sohn. Die drei begründeten eine Art Diebskompanie. Nach Schluß der Büros werden große Mengen Marineblau und andere Farbstoffe auf die Seite geschafft. Haarmann arbeitet dabei als Angestellter der Frau Guhlisch. Zwischendurch macht man auch bei einem Hausgenossen der Guhlisch kleinere Einbruchsdiebstähle und an freien Abenden unternehmen Haarmann und der kleine Guhlisch methodische Streifzüge auf die Kirchhöfe, wo sie Ketten, Metalle, Teile von Grabdenkmälern stehlen. – Die Diebstähle in der Fabrik kamen erst heraus, als Haarmann schon lange wegen Unbrauchbarkeit entlassen war, und zwar wurden sie erst entdeckt, als die Kunden sich darüber beschwerten, daß Waren, welche sie von Haarmann stets zu halben Preisen bezogen hätten, nunmehr wieder doppelt so teuer bezahlt werden mußten. Vom 4. Juli bis 19. Oktober 1904 wurde Haarmann nicht weniger als viermal vom Schöffengericht und von der Strafkammer wegen schweren Diebstahls und Unterschlagung verurteilt. Die folgenden Jahre brachten dann eine fortlaufende Kette neuer Diebstähle,

Einbrüche, Betrügereien und Sittlichkeitsverbrechen, und es ist wohl auch für die Praxis des Strafvollzugs im 20. Jahrhundert kennzeichnend, daß jedesmal, wenn der Übeltäter aus dem „Kittchen" zurückkehrte, seine Verschlagenheit wie sein Verbrechen größer wurde. Die Planmäßigkeit seiner Taten war erstaunlich. Er kaufte sich z. B. einen kleinen Desinfektionsapparat und mietete ein Hofzimmer, angeblich, um eine Desinfektionsanstalt zu betreiben. Dann verfolgte er die Todesanzeigen in den Zeitungen und ging in die Trauerhäuser, wo er sich als „Beamter der städtischen Desinfektion" vorstellte und den Leuten riet, daß sie das Totenzimmer oder die Sachen des Verstorbenen desinfizieren lassen sollten; diese Desinfektion nahm er dann dem Scheine nach vor und benutzte die Gelegenheit zu Diebstählen; wenn man ihm gelegentlich eine Erquickung anbot, so lehnte er treuherzig ab mit der Begründung: „Ich darf als Beamter in den Häusern nichts annehmen." Ein andermal wurde er nahe der Herrenhäuser Allee beim Abschrauben eines Türdrückers ertappt; er wies nach, daß an seiner Haustüre der Drücker fehle und daß er das fehlende eben habe ergänzen wollen. Seine Frechheit war so groß, daß er einmal unmittelbar, ehe er in Untersuchungshaft abgeführt wurde, noch schnell seinem Logiswirt einen Topf mit sechzig eingelegten Eiern stahl. Während des Jahres 1905 wurde Haarmann insgesamt zu 13 Monaten Gefängnis verurteilt; aber in den späteren Jahren scheint er seine Taten vorsichtiger ausgeführt oder besser verborgen gehalten zu haben. Die Feindschaft mit dem Vater, welcher ihn für kerngesund aber arbeitsscheu hielt und als großen Simulanten bezeichnete, führte dahin, daß Haarmann am 1. November 1906 wegen Körperverletzung des Vaters zu einem Monat Gefängnis verurteilt wurde. Die Streitigkeiten zwischen beiden hatten hauptsächlich zum Gegenstand, daß der Sohn die Herausgabe seines mütterlichen Erbteils verlangte und der Vater es nicht auszahlen zu können erklärte. In den folgenden Jahren unternahm er immer wieder mit dem jungen Guhlisch Raubausflüge auf die Kirchhöfe (wobei vielleicht der Grund gelegt wurde zu seiner späteren Gleichgültigkeit gegen das Hantieren mit Leichenteilen). Zwischendurch fand er durch Vermittlung seines Bruders Adolf Stellung auf der „Continental", wo er gut verdiente. – Man darf es als Glücksfall betrachten, daß Haarmann ein Jahr vor Ausbruch des Weltkrieges eine Zuchthausstrafe von 5 Jahren erlitt, so daß er während der Kriegsjahre in den Strafanstalten Celle, Lüneburg, Rendsburg und Rawitsch interniert war; es wäre nicht auszudenken, was ein solcher Mensch in einer Zeit, wo jeder Gewaltinstinkt dem „Feinde" gegenüber freigegeben wurde, an Verbrechertaten hätte begehen können. Übrigens kann auch der folgende Umstand zu denken geben: Als in den letzten Kriegsjahren Mangel an Arbeitskräften herrschte, weil alle verfügbare Mannheit an der Front war, da wurden die Zuchthaussträflinge als Landarbeiter auf Gütern verwendet; auch Haarmann arbeitete in dieser Zeit auf den Ländereien eines Rittergutsbesitzers v. Hugo bei Rendsburg; und zwar so zu allgemeiner Zufriedenheit, daß man ihn lieb gewann und nicht wieder ziehen lassen wollte. Die fünfjährige Zuchthausstrafe 1913 wurde unter sehr erschwerenden Umständen verhängt. Ende 1913 fanden in dem vornehmen Viertel „die List“ zahlreiche Kellerdiebstähle statt. Schließlich wurde Haarmann bei dem Versuch, einen Kellereinbruch zu verüben, ertappt und festgenommen. Man fand bei der Durchsuchung seiner Wohnung ein riesiges Lager gestohlener Konserven, Weinflaschen, Eier und Fleischwaren. Seiner Wohnungswirtin und seinem 17jährigen Freunde Fritz Algermissen hatte er lange Zeit hindurch Eßwaren geschenkt oder billig verkauft, unter dem Vorgeben, er sei Chemiker auf der Continental-Fabrik und habe eine Agentur für Lebensmittel. Trotz einwandfreier Beweise für schwere Diebstähle in zehn Fällen, schwur Haarmann: „Bei Gott und dem Grabe meiner Mutter. Machen Sie mich nicht unglücklich. Ich bin unschuldig“, verzichtete aber, als er zu fünf Jahren Zuchthaus verurteilt wurde, auf Einlegung eines Rechtsmittels. Von Ende 1905 bis Ende 1912 befand er sich nur wenige Monate in Freiheit. Merkwürdig ist es, daß, obwohl nach Haarmanns eigenen Angaben die sittlichen Verfehlungen an Knaben und Jünglingen, sobald er in Freiheit war, nahezu zur täglichen Gewohnheit wurden, die Verurteilung wegen solcher Vergehen verhältnismäßig selten erfolgte; meistens darum, weil die Betroffenen zu schamhaft waren ihn anzuzeigen. Erst 1911 wurde eine Anzeige wegen Vergehens gegen § 175 StGB erstattet, indem vier Väter wegen „Beleidigung“ ihrer Kinder gemeinsam klagten, doch wurde das Verfahren eingestellt, da die Aussagen der Knaben gar zu unbestimmt blieben. Am abscheulichsten war wohl jener Fall, der im November 1912 ihm eine Zusatzstrafe von zwei Monaten Zuchthaus eintrug: er hatte einen ihm gänzlich unbekannten 13jährigen Schulknaben auf der Straße angesprochen und gegen Geldversprechen, mit der Mahnung, er dürfe seinen Eltern nichts davon sagen, in seine Wohnung zu verschleppen und zu homosexuellem Verkehr zu verlocken gesucht. –

Diese Vorgeschichte lag vor, als Haarmann im April 1918 aus dem Zuchthaus entlassen, nach kurzem Gastspiel in Berlin, wieder in Hannover auftauchte. Und nun erfolgten die ersten Mordtaten. Die ersten wenigstens, welche man (allerdings erst sechs Jahre später) ihm *nachzuweisen* vermochte.

Die Zeit der Revolution 1918/19

Die Zeit der Heimkehr aus dem Zuchthaus Rawitsch schilderte uns Haarmann folgendermaßen: „Als ich aus dem Kittchen entlassen wurde, fuhr ich nach Berlin. Aber da war nicht viel los. Da ging ich wieder nach Hannover. Ich ging gleich zu Emma. Bertchen, Emmas Jüngste, sagte: „Iß nicht so viel Brot, Onkel. Wir stehn Schlange; sind alle krank." Da sagte ich: „Will mal sehen, mein Kind, was sich machen läßt." Ich ging gleich zum Bahnhof. Emma gab Geld. Da sind ja die Schiebers, die Hamsterers! Da klauten wir. Da hatten wir alles. Da wurden wir alle wieder schöne dick. Emma verkaufte weiter. Da ging aber der olle Haarmann zum Hauswirt. Da hat er mich verklatscht. Da sagte Emma: „Fritz, geh' man wieder weg"." – Haarmann war in eine Zeit hineingeraten, in der alle seine bösen Urtriebe wild ins Kraut schießen konnten. Sein Hauptquartier wurde die große Vorhalle des Hauptbahnhofs in Hannover, wo ein schwunghafter Handel mit gestohlenem oder schwarzgeschlachtetem Fleisch und mit allen, in jenen Tagen nicht mehr aufzutreibenden, in Deutschland schwer entbehrten Gebrauchsgütern getrieben wurde. April 1918 mietete Haarmann von der Ww. Schildt in dem Haus Cellerstraße 27 einen Laden mit Hinterzimmer, angeblich zu Bürozwecken. Der Laden wurde mit einigen Möbelstücken notdürftig ausgestattet. Er wohnte zunächst noch bei seiner Schwester Burschel, zog aber Ende August in das Hinterzimmer des Ladens. Es begann dort ein Betrieb, der den Hausbewohnern immer rätselhafter und unheimlicher wurde. Aus und ein flogen junge Leute. Sie brachten Rucksäcke mit Fleisch. Nachts hörten die Nachbarn ein Hacken und Klopfen in dem Hinterzimmer; sie nahmen an, daß Haarmann das zu seinem Schleichhandel „gehamsterte" Fleisch zerlege. Neben dem Haarmannschen Laden war der Gemüseladen von Frau Seemann, einer verängstigten Frau, die in jenen schweren Tagen mit ihrem Nachbarn wohl ein bißchen Kippe machte und gelegentlich ebenfalls von den bei Haarmann ein- und ausgehenden jungen Leuten einige Schleichware billig erstand. Diese bängliche Frau war wohl die erste, der eine Ahnung davon aufstieg, daß in dem Nebenraum dunkle Mordtaten vorgehen könnten. Einmal, als Haarmann im Nebenraum Knochen hackte, klopfte sie an die Wand und rief hinüber: „Krieg' ich auch was ab?" Haarmann rief zurück: „Ne, das nächste Mal." Anderen Tages brachte er ihr einen Sack Knochen. „Ich machte Sülze daraus, aber ich dachte: I gitte, die sehn so weiß aus; mir wird fies davor." Erst sechs Jahre später klärte sich auf, daß in diesem Hinterzimmer in der Cellerstraße mindestens zwei Personen getötet wurden: der 14jährige Sohn Hermann des Fahrradhändlers

G. Koch und der 15jährige Friedel des Gastwirts Rothe; und wenn auch ungewiß blieb, ob Haarmann das Fleisch der getöteten Knaben bei seinem Fleischhandel mit verwendete (vielleicht hat ein letztes Restchen menschlicher Scham ihn abgehalten, das Gräßlichste einzugestehen), so ist doch so viel gewiß, daß nicht erst 1923 der Tötungszwangstrieb einsetzte, sondern daß schon in den Jahren 1918-1923 manche Mordtat geschehen sein muß. Diese Taten sind nicht ans Tageslicht gekommen. Haarmann, der sonst ein ausgezeichnetes Erinnerungsvermögen hat, konnte sich an die Zahl seiner Opfer so wenig erinnern, wie an ihre Gesichter (wie er denn überhaupt alles Quälende aus seinem Bewußtsein zu verdrängen versucht). Nach der Zahl seiner Morde befragt, pflegte er, unsicher und wortkarg werdend, sofort zu erwidern: „Es können dreißig, es können vierzig sein; ich weiß das nicht"; im einzelnen aber gab er immer nur solche Fälle zu, die ihm nachgewiesen werden konnten, und mit einem fast gemütlichen Hohn hielt er oft dem Staatsanwalt vor: „Es sind auch Opfer da, die Sie *nicht* wissen. Die aber, die *Sie* meinen, sind es nicht."

Stellung zur Polizei

Das Schauergemälde der Jahre 1918-1924 wird sich uns im Laufe des Prozesses enthüllen. Um aber das Ungeheuerliche der *äußeren* Möglichkeit nach zu begreifen, müssen wir uns vorweg erinnern an jene Rechts- und Polizeizustände, die gegen Ende des fünfjährigen Völkermordens fast in ganz Europa herrschten; in jenen Tagen, wo mehr als eine Million Menschen unter den Augen der „Kulturmenschheit" glattweg verhungerte. Deutschland hatte kein Heer. Die proletarische Jugend, aufgeregt, verwildert, und jahrelang aufs unverantwortlichste irregeleitet und mißbraucht, entbehrte plötzlich der Hemmung und Führung. Das geschlagene Volk schlug zurück. Der politische Mord wurde zur Gewohnheit. Die durch den Vertrag von Versailles beschränkte Polizeimacht (Schutz-, Sicherheits- und Kriminalpolizei) konnte mit den aus langem Kriegsleben Zurückkehrenden, der bürgerlichen Seßhaftigkeit entwöhnten verbrecherischen Elementen nicht fertig werden. Die untere Polizeimannschaft, nach der 4. bis 7. Gehaltsklasse besoldet, Männer, die mehrmals in der Woche die Nächte bis früh 4 Uhr auf der Straße zubringen und dann doch schon wieder gegen 9 Uhr auf dem Büro sein müssen, war so jämmerlich bezahlt, daß sie für jede kleinste Hilfe und für jedes Geschenk, sogar aus Verbrecherhänden, immer empfänglicher wurde. Man verlangte von diesen mit Recht verbitterten, nur wenig gebildeten Subalternbeamten Übermenschliches. Das gesamte Unzuchtsdezernat der Kriminalpolizei in

Hannover bestand zu Haarmanns Zeiten aus 12 Kriminalbeamten und einem Kommissar, welche ungefähr 4000 von Prostitution lebende Frauen (wovon nur 400 eingeschriebene Dirnen sind) und mindestens 300 männliche Prostituenten zu überwachen hatten. Für die Nachforschung und das Wiederermitteln von „Vermißten" war (und ist) vom Staat eine so lächerlich geringe Geldsumme zur Verfügung gestellt, daß schon um der Kosten willen eine wirklich gründliche Suche nach verschwundenen Personen nicht einsetzen konnte. Dort, wo von Haarmanns Opfern die Spuren gefunden wurden, geschah das fast immer durch *Privat*-Detektive oder durch die nachforschenden Angehörigen selbst. Die Schuld lag also zweifellos am System, nicht an den einzelnen Beamten. Es ist aber klar, daß gerade in solchen verwilderten Tagen die Sicherheits-, Schutz- und Kriminalbehörden auf die Mithilfe des „Publikums" angewiesen sind und daß sie, wenn keiner ihnen hilft und jeder nur mit sich und dem eigenen Elend beschäftigt ist, sich aus der Verbrecherwelt selber ihre Helfer heranziehen müssen. Man bezeichnet solche Helfer als Spitzel, Zuträger, Achtgroschenjungen, Provokateure und Vigilanten. Sie spielen die Rolle der Spione im Kriege. Man benutzt sie und verachtet sie. Haarmann nun wurde von der Polizei in den Jahren 1918 bis 1924 beständig zu Spitzeldiensten herangezogen und erwies sich in vielen schwierigen Fällen – (bei der Aushebung einer Verbrecherbande, die falsches Geld herstellte; bei der Aufdeckung eines Diebstahles von Treibriemen; ja sogar beim Aufspüren von vermißten Personen) – als sehr verwendbar und nützlich. Wir werden sehen, wie dieser Mann in *beiden* Welten daheim war, bald einmal der Polizei einen seiner Buhljungen oder Kumpane in die Hände spielte, bald einmal wieder seine Beziehungen zu den Polizeiorganen zugunsten der Verbrecherwelt und vor allem zugunsten seiner *eigenen*, in tiefster Heimlichkeit wuchernden Mordwollust benutzte. Nahezu alle seine Verbrechen wurden dadurch möglich, daß er für das naive Volk (das in Deutschland den Polizeibeamten für eine Art *richterliche* Person hält) und zumal für die unerfahrene Jugend zwischen 14 und 18, die er zu verführen pflegte, eine amtliche Vertrauensperson war. Er durchforschte fast Nacht um Nacht die Wartesäle des Bahnhofs, die er (ganz gleich, ob nun dank eines nicht-offiziellen oder [wie eine große Reihe von Zeugen aussagen] dank eines *offiziellen* Polizeiausweises) jederzeit betreten konnte, obwohl sie sonst nur von Reisenden, die eine Fahrkarte vorwiesen, zur Nachtzeit besucht werden durften. Er konnte auch ungehindert jederzeit durch die Bahnsperren gehen, da die Beamten ihn kannten und ihm Ehrbezeugungen erwiesen. Er machte sich an durchreisende oder auf dem Bahnhof sich umhertreibende junge Menschen heran, durchmusterte ihre Personalausweise, befragte sie nach dem Ziel der Reise, machte gelegentlich die auf dem Bahnhof eingestellte Behörde (Bahn-, Sicherheits- und Kriminalwachen) auf Verdächtiges oder Verdächtige aufmerksam; ja, es ist vorgekommen, daß er selber auf der Bahnhofswache Telephongespräche führte und Verhöre aufnahm. Solchen Jungen, die ihm wohlgefielen (Obdachlosen, entlaufenen Fürsorgezöglingen, Arbeitslosen) bot er gerne Essen, Arbeit und Wohnung an, behielt sie eine oder auch mehrere Nächte bei sich, verführte sie zu Geschlechtsvergehen und tötete die schönsten im nachtumgrauten Sinnenrausch. Da er alle Bereitschaften kannte, das Fahndungsblatt las, die Razzien vorauswußte und überhaupt wie ein Zugehöriger zur Kriminalpolizei obwaltete, so hatte er es leicht, solche Lieblinge, die selber irgend etwas ausgefressen hatten, in seinen Schutz zu nehmen und vor der Polizei zu decken, während umgekehrt dort, wo er gereizt, gehänselt oder nicht ernst genommen wurde, er die Jünglinge dem Weibel in die Finger spielte und „verschütt gehen" ließ. Dieser Tatbestand, daß Haarmann die Polizei nutzte, so wie er selber zu oft recht billigen Lorbeeren von den kleineren Beamten genutzt wurde, ist bei dem ganzen Kriminalfall mit stillschweigender Übereinkunft *aller* Behörden verschleiert worden; ähnlich wie man das ungeheure Spionage- und Lügensystem der Kriegsjahre allgemein verschleiert. Es geschieht gar nicht selten, daß eine zum Häscherdienst benutzte Verbrecherpersönlichkeit jedem einzelnen Mitgliede der Behörde recht gut bekannt ist, daß aber, wenn der Mann seine Beziehungen *mißbraucht*, die Institution von ihm abrückt und in der Öffentlichkeit erklärt: „Die Stellung des Mannes war nicht amtsförmlich; er bezog keinen Sold; er führte keine amtlichen Ausweise, kurz, die Behörde *kennt* ihn gar nicht. Spitzel, Aufpasser, Zuträger, Vigilanten sind eben niemals „offiziell". Und es gibt zahllose kleine Gefälligkeiten zwischen Behörden und Verbrecherwelt, die viel gewagter und gefährlicher sind, als ein ehrlicher Sold. Das Wort „Behörde" ist eben nur ein Gedankenwort; dahinter stehen Menschen und ihre Menschlichkeiten. – Die Wahrheit ist, daß das Treiben Haarmanns zwischen 1918 und 1924 gerade nur darum *möglich* war, *weil* er unter beständiger Polizeiaufsicht stand und weil von einem so allvertrauten, allgemein beliebten und täglich mit allen Polizeipersonen freundschaftlich verkehrenden Manne man zwar alle erdenklichen sittlichen Laster, ganz sicher aber nie einen tief verborgenen Mordwahnsinn vermutete. Wollte auch ich diesen Punkt hier verschleiern, so wäre es mir unmöglich, den Kriminalfall *aufzuklären*. Wir müssen gerade diesen Umstand: die Polizeifunktion des Haarmann, scharf herausstellen.

Die Geschlechtsverbrechen

Obwohl somit bis zum Jahre 1924 die vielen Mordtaten des Haarmann trotz mehrerer Anzeigen aus seinem Bekannten- und Nachbarkreise und trotz mannigfacher Verdachtsgründe unentdeckt und im dunkeln blieben, so wurde doch bei den immer wiederkehrenden Haussuchungen und Überwachungen etwas anderes vollkommen klargestellt: Der Gewohnheitsverbrecher, der beständig von Schwärmen blutjunger Menschen umgeben lebte, welche er nutzte, oder welche ihn nutzten, frönte jeder nur erdenklichen Widernatürlichkeit des Geschlechtslebens. Als man wegen des verschwundenen Rothe bei ihm forschte (Oktober 1918), fand man zwar nicht den vermißten Knaben, wohl aber einen anderen nackten Knaben bei ihm im Bette. Er hatte die Knaben angesprochen, bewirtet und dann mit in die Wohnung genommen, wo sie gegen Geld Unsagbares machen mußten. Da er auch andere Fälle dieser Art zugab, so wurde Oktober 1918 ein Strafverfahren wegen tätlicher Beleidigung eingeleitet, welches im April 1919 mit seiner Verurteilung zu neun Monaten Gefängnis endete. Inzwischen war ihm die Wohnung in der Cellerstraße zu „heiß“ geworden, und er verzog Anfang Dezember 1918 nach Seydlitzstraße 15 zu einer Frau Hederich, bei welcher er eine Wohnung mietete, angeblich als „Lagerraum für Zigarren, Chemikalien und anderes“. Es gehörte zu Haarmanns Gepflogenheiten, sich immer einen jungen Menschen als „Meschores“ (Faktotum) zu halten. Dieser hatte die Wohnung reinzuhalten und alle Verrichtungen zu erfüllen, die man sonst einem Mädchen zumutet. Ein junger Arbeiter, namens Friedrich Oswald, welchen Haarmann mittellos am Bahnhof aufgriff, wurde in die neue Wohnung eingesetzt, bekam sein eigenes Zimmer und hatte im Auftrage Haarmanns nebenher auch tätig zu sein für eine der Schwester befreundete Zigarrenhändlerin, mit welcher Haarmann lichtscheue Beziehungen unterhielt. Auch in *dieser* Wohnung fanden bald wieder polizeiliche Durchsuchungen statt, als Haarmann in Verdacht geraten war, den seit September 1918 vermißten Schüler Koch getötet zu haben, und auch in diesem Falle mußte der Mordverdacht zwar fallengelassen werden, dagegen wurde erwiesen, daß Haarmann neuerdings mit ganz jungen Burschen widernatürliche Unzucht getrieben hatte, woraufhin Haarmann vom 2. Juni bis 19. Juli in Haft behalten wurde, sodann aber das Verfahren aus § 175 eingestellt werden mußte, da die beteiligten Burschen ihre ursprünglichen Angaben nicht aufrecht erhielten. Vor der Hauptverhandlung in dieser Sache war auf Veranlassung der Staatsanwaltschaft eine gerichtsärztliche Untersuchung des

Angeschuldigten auf seinen Geisteszustand vorgenommen worden, weil dieser in dem vorerwähnten Verfahren, in welchem er zu neun Monaten Gefängnis verurteilt war, behauptet hatte, daß er „nicht zurechnungsfähig" sei und an Fallsucht leide. Der Gerichtsmedizinalrat Dr. Brandt gab am 12. Juni 1919 das Gutachten ab, daß Haarmann nicht geisteskrank und für alle Delikte, insbesondere für sexuelle, voll verantwortlich sei. Das Gutachten war im wesentlichen auf Grund der eigenen Angaben Haarmanns erstattet, wobei dieser verschwiegen hatte, daß er in früheren Jahren im Irrenhaus gewesen sei. – Da ihm nun auch *diese* Wohnung „heiß" geworden war, so verzog Haarmann im September 1919 zu einer Frau Kroell, Nikolaistraße 13. Auch hier setzte er den Verkehr mit jungen Leuten fort. Die Logiswirtin beobachtete, daß er mit diesen Unsägliches trieb und bestand darauf, daß er sogleich ausziehe. Er verzog darauf in eine *andere* Wohnung der Nikolaistraße. Um diese Zeit, Anfang Oktober 1919 trat aber in Haarmanns Leben jener Freund, mit dem er fortan auf Tod und Leben zusammengeschmiedet blieb. –

Zur Seelenkunde

Wir haben gehört, daß im Juni 1919 der hannoversche Gerichtsarzt den Haarmann für „zurechnungsfähig" und „verantwortlich" erklärte. Dieses Gutachten steht in merkwürdigem Widerspruch zu einem andern, welches der Nervenarzt Dr. Bartsch am 18. Dezember 1922 über Haarmann an das Versorgungsamt der Stadt Hannover erstattete. Haarmann war damals bezüglich Fortbezugs oder Erhöhung seiner Invalidenrente vom Versorgungsamt dem genannten Arzt zur Untersuchung zugesandt worden, und dieser stellte fest (allerdings nach einer nur kurzen Unterredung und Intelligenzprüfung) einen „hochgradigen Schwachsinn"; ja, regte an, den Bruder Haarmanns zu veranlassen, den Schwachsinnigen zu entmündigen. Die Gerichtssachverständigen im späteren Prozeß (die zwei hannoverschen Gerichtsärzte und der Ordinarius für Psychiatrie in Göttingen) haben es wahrscheinlich zu machen versucht, daß die Gutachten der Irrenärzte in Hildesheim und Langenhagen von 1899, jene der Militärärzte von 1898 und 1902 und endlich auch das Gutachten des Dr. Bartsch von 1922 auf Grund „hysterischer Simulationen" zustande gekommen seien, indem Haarmann das *eine* Mal das Bestreben hatte, vom Militärdienst loszukommen, das *andere* Mal das Bestreben, eine möglichst hohe Rente herauszupressen. – Alles Gefrage nach „Zurechnungsfähigkeit", „Verantwortlichkeit", „Irrsinn" bleibe nun hier zunächst ganz dahingestellt! Der Leser sei gewarnt, verwickelte

Dinge so einfach, einfache sich so verwickelt zu denken, wie das die auf Eingliederung und „klinische Bilder“ versessene, mit sehr schwer bestimmbaren und oft schnell wieder veraltenden griechisch-lateinischen Orakelworten (schizophren, ziklothym, hysterisch, hebephrenisch usw.) arbeitende medizinische Psychologie unvermeidlich tun *muß*. Die Tatsache, daß alle Regungen des logischen Oberbaues tadellos in Ordnung sind, schließt nicht aus, daß die gesamte seelische Unterwelt ohne jede Zusammenhangsmöglichkeit mit Vernunft oder Einsicht ihr eigenes vollkommen *krankes* Leben führt. Erkrankungen sind nicht immer von *positiver* Natur. Sie können oft nur als „Ausfallserscheinungen“ oder als „Vereinzelungen “ (Dissoziation) erspürt werden. Auch die Tatsache, daß ein Mensch Irrsinn oder Schwachsinn *simuliert*, oder sich in Krankheiten hineinflüchtet, schließt nicht aus, daß er nicht zugleich doch *wirklich* irrsinnig oder schwachsinnig ist, und zwar kann ebensowohl (wie bei Hamlet) ein gespielter Irrsinn einen wirklichen *überdecken*, wie auch just das Spielen der Krankheit gerade die *wirkliche* Krankheit sein kann. Ja, die Verfilzung und Überschneidung wirklicher und bloß gespielter Erlebnisreihen pflegt selbst im einfältigsten Triebwesen weit verwickelter zu liegen, als wir das ahnen. Um daher das Folgende wirklich zu *verstehen* und so zu verstehen, daß es auch nach hundert Jahren (wo unsere gesamte heutige Psychiatrie und wissenschaftliche Psychologie veraltet sein wird) noch einige Gültigkeit behält, müssen wir uns vereinbaren, bloß Seele zu Seele, uns einzufühlen und „mitzuahmen“, aber alle vorzeitigen Formulierungen und wissenschaftlichen Erklärungen streng zu vermeiden. Dazu aber ist auch *dies* erforderlich, daß wir keine „Analogien“ und „Parallelen“ zu dem merkwürdigsten Kriminalfall unserer Tage aufsuchen. Vor allem meide man das unerträgliche „sexualpathologische“ Geschwätz über „Sadismus“, „Masochismus“ und dergl. Mit dem Kriminalfall des Marquis de Sade (welcher eine widernatürliche Lust am *Quälen* zeigte; von dem Blute grausam gemarterter Kinder sich heiße Bäder bereiten ließ u. a. m.) hat der hochnotpeinliche Fall des Haarmann nicht die mindeste Verwandtschaft, da bei Haarmann nicht die Machtwut des Andere*quälens*, sondern schlechthin nur das Töten im Geschlechtsrausch und schließlich die dunkle Heimlichkeit des Zerreißens und Verschlingens *überhaupt* zur überwertigen Triebballung geworden ist. Anderes stärkeres Leben vernichten oder sich von anderem stärkeren Leben vernichten lassen; sich selber hinzugeben an den Tod oder tötend das andere sich einzuverleiben, Fressen und Gefressenwerden, das sind die beiden polaren Achsen des *gesamten* kosmischen Lebenspieles, und es ist nicht viel damit erklärt, wenn man im Schwengelspiel erotischer

Willensgewalten bald den einen, bald den andern Pol in einseitiger Übersteigerung entartet findet. Will man aber durchaus für das auf den folgenden Blättern Niedergelegte eine *vorläufige Formel*, so erinnere man sich an die uralten germanischen Mythen von dem in Wolfsgestalt menschgewordenen „Urbösen"; an die Sagen vom Werwolf (dem roman. loupgaron, den angelsächs. werewolfes), dem „kugelfesten", nur gegen *heilige* Hände wehrlosen Unhold, der verflucht ist, Kindern die Kehle durchbeißen und sie zerfleischen zu müssen. An vergessene Mären der Urzeit denke man, von Elsen, Alpen, Luren, von Drachen, Sauriern, Leopardenmenschen, von Wendehäutern, Succubi und Incubi. Man denke an den geilen Blutschink, der noch heute haust im Paznaunertal, allnächtlich dem See entsteigend und nach Opfern suchend, denen er das Blut aussaugt. Man denke an den Nachtmahr unserer Wälder, die blutdürstige Ludak der Finnen und Lappen. Lykanthropen nannte die antike Welt solche Mordwesen. Mit einem solchen Fall von *Lykanthropie* haben wir im folgenden uns zu befassen. Es ist sehr merkwürdig, daß in denselben Tagen, wo der Kriminalfall Haarmann verhandelt wurde, noch ein zweiter Fall von Anthropophagie (Triebkannibalismus) ans Tageslicht kam. In einem von mehreren Parteien bewohnten Wohnhaus nahe der Stadt Münsterberg, an der Strecke Breslau-Glatz in Schlesien, lebte durch lange Jahre der Landwirt Karl Denke, ein als frömmster Kirchengänger des Sprengels bekannter und geehrter Einsiedler, 54 Jahre alt. Am 20. Dezember 1924 sprach ein vorübergehender Handwerksbursche, namens Vincenz Oliver, den Mann um eine Gabe an und wurde eingeladen, ins Haus zu kommen. Als er am Tische Platz genommen hatte, wurde er plötzlich von Denke mit einer Spitzhacke überfallen, doch gelang es ihm, zu entkommen. Nunmehr wurde Denke in Schutzhaft genommen, erhängte sich aber im Untersuchungsgefängnis. Darauf nahm die Polizei eine Haussuchung im Gehöft des Denke vor. Man fand zahlreiche Papiere von verschwundenen Handwerksburschen, sowie in der Scheuer Töpfe mit gepökeltem Fleisch, das von den Gerichtsärzten einwandfrei als Menschenfleisch festgestellt wurde. – Man konnte feststellen, daß der Mann seit mindestens 20 Jahren sehr viele Menschen, Mädchen und Jünglinge, tötete, aß, verschlang oder ihr Fleisch auf Märkten verkaufte.

Der Freund

Man denke sich in den Tiefen der Untersee einen zähen, klugen Taschenkrebs, welcher nistet auf dem Höhlenhaus eines im Dunkel sich vollsaugenden, schleimigen Quallentieres, etwa eines pflanzenhaften Riesenpolypen, so hat man ein ungefähres *Bild* für die merkwürdige „Symbiose" von Triebverbrechen und Intelligenzdrohnentum, von Lebensirrsinn und Geistschmarotzerei, welche vom Oktober 1919 ab den blonden zarten mädchenhaften Hans Grans (den dennoch zäheren und wehrfähigeren) mit dem um 21 Jahre älteren weibisch rohen, schwammigen und wüsten Haarmann untrennbar verband. Grans ist ein hübscher, lebensgieriger, eigenbezüglicher Junge aus einem kinderreichen Elternhaus, wo Frau Sorge wohl oft saß an Stelle der Seele. Die Eltern haben in der dunkelsten Altstadt einen kleinen Papier- und Buchbinderladen mit einer Leihbücherei alter Schmöker, aus denen der ehrgeizige, liebenswürdige Schlingel sich Fernweh anlas nach großem Leben und vornehmer Welt. Er besucht bis Quinta die Oberrealschule, wird dann auf die Bürgerschule gesteckt, und als er sie durchlaufen hat, 1915 konfirmiert. Als Handlungslehrling in einer Metallwarenfabrik (Söhlmann) unterschlägt er Portokassenbeträge und geht mit gefälschten Quittungen zu Kunden der Firma, um Beträge einzukassieren, die er vernascht und verraucht. Dann arbeitet das hoffnungsvolle Früchtchen in der Industrie rund um Hannover, zuletzt in der Bergmann-Elektrizitäts-Gesellschaft in Berlin. 1918 wird er Aushelfer bei der Post, scheidet aber bald wieder aus, um beim Minenwerfer-Sturm-Detachement Heuschkel einzutreten. Am 1. Oktober 1919 wird er auch hier wegen Unpünktlichkeit im Dienst entlassen. Er fällt nun wieder dem Vater zur Last, dem er vorspiegelt, daß er bei der Reichswehr eintreten wolle. In Wahrheit treibt er sich mit Weibern herum, und als der Vater nachprüft, ob der Junge sich denn überhaupt bei der Reichswehr gemeldet habe, läuft er eines Tages von Hause fort, nächtigt in den Spelunken der Altstadt und erwirbt seinen Unterhalt durch Handel mit alten Kleidungsstücken auf dem Bahnhof. Damit war er in den Bereich des Haarmann getreten. Einer der anderen jungen Spitzbuben auf dem Bahnhof macht ihn auf „das schwule Paket" aufmerksam. „Du, Hans, der hat neulich einem hübschen Jungen 20 Mark gegeben" und der junge Grans, durchaus nur in der Absicht, Geld zu verdienen, macht sich auf der Straße an den weit älteren Mann heran. Der nimmt ihn mit in seine Wohnung Nikolaistraße 46 bei Kisserow. „Ich hatte zuerst einen Tick auf Hans. Aber als ich ihn nackt sah, mochte ich ihn nicht. Er ist so behaart wie ein Affe. Wirklich, Sie können mir es glauben; wie ein Affe sah Hans aus. Aber später hat er sich alles abrasiert." Der Junge bleibt nun bei Haarmann wohnen, und es entwickelt sich das merkwürdigste Verhältnis. „Er war wie mein Kind. Ich habe ihn gehalten wie meinen Sohn. Ich habe ihn aus dem Sumpfe geholt und wollte nicht, daß er wieder unter die Räder komme." Vier Jahre lang blieben die beiden befreundet. Offenbar bestritt Haarmann den Lebensunterhalt des hübschen Jungen. Zeitweise gab er dem Grans englische Zigaretten zu verkaufen; wenn der dafür mehr erhielt als ihm von Haarmann in Rechnung gestellt wurde, so durfte er den Mehrerlös für sich behalten. Das Verhältnis war wohl geschlechtlich, aber nicht nur geschlechtlich. Denn alles, was an idealen Regungen in Haarmanns völlig roher Tierseele überhaupt aufkommen konnte, das sammelte sich um den jungen Grans, und wenn man behauptet hat, daß es lediglich das Bewußtsein der Mitwisserschaft an schlimmen Taten und die Angst vor Verrat war, was Haarmann in späteren Jahren völlig unter die Hörigkeit seines kindlich rücksichtslosen Quälers und geliebten Tyrannen brachte, so muß man doch andererseits auch bedenken, daß Haarmann jederzeit den jungen Schnösel hätte beseitigen können, wie er andere Mitwisser seiner Morde möglicherweise beseitigt hat (wie denn in der Tat die beiden oft einander gegenseitig mit Polizei drohten ja, mit gezückten Messern, „Mörder" schreiend, sich gegenüberstanden; aber zuletzt doch immer wieder zusammenkrochen). – Gericht und Geschworene haben sich das Verhältnis recht einfach zurechtgelegt: „Grans wußte um den ersten Mord an Friedel Rothe. Um einen Mitwisser stumm zu machen, *darum* nahm Haarmann den Grans bei sich auf und wurde sein Pflegevater." Wir werden sehen, daß ein ungemein verwickeltes Gefühlsverhältnis diese zwei Entgleisten am Außenrande der menschlichen Gesellschaft so aneinanderband, daß sie weder ganz miteinander, noch auch ohne einander zu leben vermochten. Zu der Zeit, wo Haarmann den jungen Freund bei sich aufnahm, sollte er gerade die am 23. April 1919 erkannte Gefängnisstrafe von neun Monaten antreten. Um ihr nun zu entgehen, wechselte er schnell die Wohnung, ohne sich polizeilich abzumelden. Er wohnte Dezember und Januar bei einer Witwe Birnstiel in der Füsilierstraße; Grans zog in die nah benachbarte Bronsartstraße. Es kam aber auch mit der Birnstiel zu Zänkereien, und als Haarmann sie mißhandelte, zeigte die alte Frau ihn an, worauf er festgenommen und gleich zur Vollstreckung der neun Monate Gefängnis zurückgehalten wurde. Bis 3. Dezember 1920 blieb er nun im Gefängnis. Während dieser Zeit (vom März bis Dezember 1920) war der junge Grans wieder sich selbst überlassen. Er trieb sich herum, wurde mehrfach wegen Diebstahls, auch einmal wegen widernatürlicher Unzucht angezeigt; aber die Verfahren mußten wegen nicht ausreichenden Beweises eingestellt werden. Am 27. November wurde er endlich festgenommen, weil er ein unterschlagenes Fahrrad auf dem Hehlermarkt am Hohen Ufer zu verkaufen suchte. Schon am 1. Dezember wurde er, da kein Fluchtverdacht bestand, wieder entlassen, und zwei Tage später kam Haarmann aus „Numero Sicher" zurück und sie feierten ein frohes Wiedersehen in ihrer Stammkneipe beim „dicken Fritz". Allerdings wurde Grans schließlich doch am 5. März 1921 wegen Hehlerei zu drei Wochen Gefängnis verurteilt, erhielt aber bedingte Strafaussetzung auf drei Jahre.

So folgte nun wieder eine Zeit unausgesetzten Zusammenlebens, von Dezember 1920 bis Ende August 1921. Sie traten auf als zwei gutgekleidete äußerlich anständige Herren. Zunächst nahmen sie Wohnung im „Christlichen Hospiz" und späterhin mieteten sie sich ein in einem kleinen bürgerlichen Gasthof „Fürst zur Lippe" in der Osterstraße, lebten dort recht gut und scheinbar solide und führten angeblich ein Wäschegeschäft. Es wirkte fast ergreifend, als der Besitzer dieses Gasthofes, ein Herr Wiedemann und seine Tochter, eine Frau Koch, vor Gericht erschienen und bekundeten, daß sie zwei so noblen und liebenswürdigen Herren unmöglich etwas Schlechtes zutrauen konnten. Abends, wenn die beiden von ihren Geschäftsgängen zurückkehrten, brachten sie dem dreijährigen Töchterchen der Frau Koch ein Spielzeug oder Süßigkeiten mit, und selbst, als beim Wegzug der beiden alle Wäsche des Gasthauses mit verschwand, kam keiner auf den Gedanken, daß just Herr Haarmann und sein „junger Angestellter" die Täter sein könnten. In Wirklichkeit aber bestand ihr Geschäft damals darin, daß Haarmann in den vornehmen Stadtteilen Wäschestücke erbettelte, indem er den Leuten vorspielte, er sei vertriebener Oberschlesier, sei ein notleidender Kriegsinvalide, sammele für die „Herberge zur Heimat", müsse für seinen 76jährigen Vater sorgen und ähnliches mehr. Er fragte bescheiden, ob er nicht alte Wäschestücke oder Kleider billig *kaufen* könne; meistens erhielt er dann allerlei zum Geschenk, was Grans ihm abnahm und bei den Trödlern in der Burgstraße verkaufte. Sie erzielten durch den Verschleiß der so erbettelten Sachen einen Tagesverdienst von 30 bis 60 Mark. Zwischendurch gaben sie mal eine Gastrolle in Hamburg oder Berlin. Grans verbrachte das Geld mit Weibern und im Kartenspiel. Bei solcher Streiferei wurden sie schließlich am 10. Januar 1921 festgenommen, doch gelang es Grans, sich freizulügen, während Haarmann zu drei Wochen Haft wegen Bettelns verurteilt wurde. Da in den Zeitungen vor den beiden Schwindlern gewarnt wurde, so begannen sie nunmehr ihren Wäschehandel anders aufzuziehen; Haarmann mußte auf die Höfe gehen und die zum Trocknen aufgehängte Wäsche stehlen; Grans entfernte die eingestickten Namenszeichen und verkaufte sodann die Wäsche. Bei der Ausführung eines solchen Diebstahles wurden sie am 31. August 1921 abermals abgefaßt und wieder gelang es dem jungen Fuchs, sich herauszuwinden, während der alte Wolf verurteilt wurde zu sechs Monaten Gefängnis, die er vom November 1921 bis März 1922 in der Gefangenenarbeitsstelle Jägerheide im Müggenburger Moor bei Celle absaß. – Zuvor aber hatten sie die Wohnung gewechselt. Sie zogen in das Mordhaus Neue Straße 4. Mitten ins Gespensterviertel.

Psychologische Bemerkungen

Man erzählt von einer Stütze der kapitalistischen Gesellschaft, daß, als an seinem siebzigsten Geburtstag der Bürgermeister und die Vertreter der Behörde ihm Ehrenanschriften überreicht und ihre Ansprachen gehalten hatten, der Gefeierte seine Danksagung folgendermaßen begann: „Ich danke Ihnen, meine Herren, für alle Ehren, die Sie mir erwiesen haben. Sie haben recht; ich lebe nun vierzig Jahre unter Ihnen und man kann mir nichts beweisen." Solches Urbild einer Kulturgesellschaft, welche durchweg mit Leben wuchert, dabei aber „Vogel Strauß" spielt und nach außen hin durchaus schuldlos und ehrenfest bleibt und dasteht, ein solcher, nur dem Selbst und der Selbsterhaltung dienender Intellekt ohne Seele ist der junge Grans, der im Grunde gar nichts anderes trieb, als was eine untergangsreife Bildungsmenschheit *überhaupt* treibt: mit nur halbbewußter Heuchelei vom Mark der *Erde* zehren, ohne genau hinzusehen. Ganze Pflanzen- und Tierwelten, Millionen Menschen werden geopfert, Kinder verkümmern an Webstühlen, in Bergwerken, an Maschinen, überall zehrt die „Kultur" vom fremden Leben; wir aber spielen Vogel Strauß und tun, als ginge es uns nichts an. Grans hatte die kranken oder wüsten Triebe Haarmanns irgendwie durchschaut und auch dies durchschaut, daß diese Triebe ihm die Macht und Herrschaft über den weit älteren Gefährten sicherten. Er hatte freilich seinen „dummen August" recht gern. Er fühlte auch etwas Dankbarkeit; denn er besaß an Haarmann so etwas wie Bleibe und Heimat. Vor allem: einen ausgekochten, auf dem Weg zu Abenteuer und Hochstapelei erfahrenen Lehrmeister. Ja, er verspürte zuweilen etwas wie Mitleid mit dem alternden Mann, der sich in die Hand dieser skrupellosen jungen Lebensgier begab, weil er im Frost der Hölleneinsamkeit wenigstens einen haben wollte, den er liebhaben könnte. „Ich mußte einen Menschen haben, dem ich alles galt. Hans lachte mich oft aus. Dann wurde ich wütend und wies ihm die Tür. Aber ich ging ihm doch immer gleich wieder nach und holte ihn mir wieder. Ich hatte nun mal an ihm den Narren gefressen." Haarmann liebte den Grans und das wußte dieser zu nutzen. Wenn der Alte tobte, so pflegte der Junge ihn um die Hüfte zu nehmen und seine Zunge ihm in den Mund zu stecken; dies erregte den Haarmann so, daß er wachsweich und dem hübschen Jungen zu willen wurde. Hans ließ sich wohl auch von Haarmann küssen, wobei er ihm aber vorsichtig die Arme festhielt, weil der andere die Eigenheit hatte, in wachsender Erregung ihm an den Hals zu springen, sich daran festzusaugen und ihn zu würgen. Grans war der weitaus Klügere; zäh und zart zugleich, mädchenhaft aber von eherner Schweigsamkeit. Daher bedurfte er auch, um sich zu gewagten Fahrten aufzupeitschen, des Alkohols und betrank sich oft sinnlos; während Haarmann den Alkohol, der ihn müde machte und für den er überempfindlich war, ängstlich mied. – Zur Charakteristik des Grans seien zwei kleine Züge herausgegriffen. Als typische Zuhälternatur hatte er immer eine Anzahl Mädchen an der Hand, die in ihn verliebt waren und für ihn Geld schaffen mußten. So veranlaßte er eine hübsche junge Person, gelegentlich eines Stelldicheins einem Ingenieur die Brieftasche fortzunehmen und sie ihm, dem Hans Grans, zuzustecken. Als der Diebstahl herauskam, konnte nur das Mädchen bestraft werden, da er schwor, die Tasche von ihr zum Geschenk erhalten zu haben. – In der Inflationszeit, als auf der Insel am Hohen Ufer der Stehler- und Hehlermarkt blühte, wurden dort an der Verbrecherbörse viele gestohlene Gold- und Silberwaren verkauft; diese Gelegenheit nutzte Grans, um von zwei großen Firmen unechte Gold- und Silbersachen, sogenannte Neppware, zu beziehen, mit der er sich dann unter die Diebe mischte; kam es nun zu Verhaftungen, so konnten alle bestraft werden, nur Grans nicht, da er ja nachzuweisen vermochte, daß seine Waren ehrlich erworben seien. Daß man ihm dafür mehr zahlte, als sie wert waren, das fügte die Dummheit der Welt; die anderen verkauften echtes Gold; aber es war gestohlen; er bot unechtes feil, aber es war „ehrlich erworben“.

Hugo

Gelegentlich der dunklen Handelsgeschäfte auf dem Bahnhof trat in das Leben des jungen Grans noch ein zweiter Freund: Ein gleichaltriger, auffallend begabter Bursche, welcher sich ebenfalls auf den Straßenhandel verlegt hatte: Hugo Wittkowski, ein graziöser, schwarzhaariger Junge, schlank, beweglich, mit lebendigen und doch etwas verträumten Augen, sinnlichem Mund und kluger Stirn. Besseres Naturmaterial als so mancher, der „niemals aß von des Schierlings betäubenden Körnern“. Dieser Wittkowski, viel gewandter und nachdenklicher als Haarmann, wurde Haarmanns *großer* Haß. Aus vielerlei Gründen! Zunächst aus Eifersucht, da Wittkowski den Grans dem Haarmann „entfremdete“. Sodann, weil Wittkowski mit Grans gemeinsam den Haarmann mehrfach ausnutzte, ihm Geld entlieh und nachher gar nicht oder nur tropfenweise zurückzahlte. Vor allem aber darum, weil mit Wittkowski, der keine Neigung zur gleichgeschlechtlichen Liebe zeigte, eine tolle Weiberwirtschaft in Haarmanns Behausung einzog. Als der Alte und die zwei Jungen zwei Jahre später vor Gericht standen und in Haarmann ein (vom Gericht viel zu spät durchschauter) teuflischer Plan gereift war, die *beiden* Jungen (den geliebtesten seiner Buhljungen, wie den verhaßtesten) *mit* sich in den Tod zu reißen, da zischte Haarmann den Wittkowski an: „Du bist ja immer hinter mir her gewesen! Du hast dich mir hundertmal zur Liebe *angeboten!* Aber ich wollte dich nicht. Du warst zu schlecht für mich." Und der andere erwiderte ruhig höhnend: „Ich liebe nur Frauen." –

Mordidyll: Neue Straße 8

Von einem Bekannten dieses Wittkowski mit Namen Alwin Köhler hörte Haarmann eines Tages, daß Köhler ein alleinliegendes Zimmer, welches ihm als Lagerraum diente, gern anderweitig abgeben wolle. Die Wirtin des Hauses, ein älteres Fräulein namens Rehbock, welches bald darauf einen Herrn Daniels heiratete, hatte keine Bedenken, das Zimmer zum 1. Juli 1921 an Haarmann zu überlassen, welcher angab, daß er ebenfalls ein Warenlager dort deponieren wolle, zu dessen Bewachung aber „sein junger Mann" (eben Grans) in dem Zimmer schlafen müsse. – Das uralte Haus am Fluß hat eine breite Durchfahrt, welche zu dem dahinterliegenden gemeinsamen Hof und den Hintergebäuden der Nachbargrundstücke führt. Das von Haarmann gemietete Zimmer liegt gleich rechts vom Hauseingang an dieser Durchfahrt. Neben dem Zimmer führt eine Treppe zu den oberen Stockwerken. Der Raum hat zwei hohe durch einen schmalen Pfeiler getrennte Fenster nach der Straße zu. An der den Fenstern gegenüberliegenden Seite in der Wand, die das Zimmer vom Treppenhause trennt, befindet sich ein in den Hohlraum unter der Treppe hineingebauter Wandschrank. Eine sogenannte Butzenklappe, 1,90 m breit, 1,25 m hoch und 1 m tief; durch zwei Klappen vom Zimmer aus verschließbar. Dies war der Ort, wo die Leichen aufbewahrt wurden. Auf einem diesem Wandschrank entnommenen Brette sind bei der späteren chemischen Untersuchung reichliche Spuren von Menschenblut festgestellt. Oberhalb des Wandschranks befindet sich dicht unter der Decke des 3 m hohen Zimmers ein 30 cm hohes und 60 cm breites Fenster, durch das man vom Treppenabsatz in den Raum hineinsehen kann. An der Wand zum Hausflur neben der Tür steht ein Gasofen. Dahinter in der Ecke am Fenster die Gasuhr. Auf der anderen Seite der Durchfahrt wohnt eine Arbeiterfamilie namens Bertram. Das Haus ist dichtbevölkert; in der rechten

Ecke des Hofes liegen die Klosetts, vor denen an der Rückwand des Hauses eine Pumpe steht. Der Leinestrom fließt an der Hinterseite des Hauses, war also von Haarmanns Zimmer aus nicht erreichbar. Bei seinem Einzuge am 1. Juli 1921 brachte Haarmann nur ein armseliges Bett und einen Waschständer mit; im übrigen blieben in dem Zimmer nur einige Möbelstücke, die der Wirtin Fräulein Rehbock gehörten. Haarmann und Grans benutzten das Zimmer zusammen als Wohnraum, was sogleich die Unzufriedenheit der wenig entgegenkommenden Hauswirtin erregte; aber am 31. August verschwand Haarmann und ließ den jungen Grans allein zurück; dieser erzählte der Wirtin zunächst, sein „Chef" sei auf einer Geschäftsreise und sodann: „Der Chef weilt zu seiner Erholung im Luftkurort Jägerheide." In Wahrheit hatte Haarmann die wegen der Wäschediebstähle über ihn verhängte halbjährige Gefängnisstrafe in Jägerheide angetreten. In diesem halben Jahr begann nun Grans (dessen Elternhaus wenige Schritte von Haarmanns Wohnung entfernt liegt) in dem verrufenen Raum ein tolles Leben. Der Raum wurde zum Absteigequartier für die das Kaschemmenviertel abstreifenden jungen Dirnen: Dörchen, Elli und Anni, welche dem Grans dafür gerne „Zimmergeld" abgaben. Heruntergekommene Burschen und dunkles „Gesoks" verkehrte in dem Raum. Es gab Trinkgelage und Messerstechereien, so daß es zu scharfen Streitigkeiten mit der Wirtin kam, welche an Haarmann ins „Sanatorium Jägerheide" schrieb, worauf dann, hochmoralisch und entrüstet, Haarmann zurückschrieb, die Wirtin möge nur auf seinen „jungen Mann" bis zu seiner Rückkehr gut aufpassen und streng auf Ordnung halten; wenn er zurückkomme, dann werde er den jungen Mann für seine „Schweinereien" fortjagen. Gleichzeitig aber unterhielt Haarmann mit Grans einen zärtlichen Briefwechsel. Der Wirtin Rehbock wurde das Treiben schließlich doch zu toll, so daß sie eines Tages Ende Februar 1922 das Zimmer sperrte und den Grans hinauswies. Am 1. März 1922 kam Haarmann zurück. Er brach das Sperrschloß auf und fand sein Zimmer – leer. Grans und Wittkowski hatten alle Sachen verkauft, ja, hatten sogar Haarmanns Militärrente abgehoben und verjubelt. Die Wirtin Rehbock aber hatte die ihr gehörenden Möbelstücke herausgeholt und in Sicherheit gebracht. Haarmann tobte und fluchte über das leere Zimmer. Die Rehbock forderte, daß Haarmann das Zimmer räume und wendete sich, da der andere sich weigerte, an das Mieteinigungsamt. Aber dieses stellte sich, als der Obdachlose mit großer Gewandtheit und Sachkunde mehrere Eingaben gemacht hatte, auf Haarmanns Seite, so daß es dem Halunken gelang, bis zum Juni 1923 gegen den Willen der Vermieterin dennoch das Zimmer zu behalten. Er mußte sich nun zunächst wieder Möbel beschaffen. Sein Bruder

Adolf zahlte ihm eine kleine Summe als seinen Anteil am mütterlichen Erbe und davon richtete Haarmann sich neuerdings ein, wonach auch Grans alsbald wieder erschien und trotz der früheren Ausräuberung der Wohnung liebend aufgenommen wurde. Bis zum 9. April blieb er bei Haarmann wohnen. Vom 9. April bis zum 30. Juli kam Grans ins Gefängnis . . .

Man darf sich das Leben in dem Mordhause keineswegs düster vorstellen. Es war ein heiter bewegtes Idyll. Fortwährend kamen und gingen Knaben und Jünglinge. Schüler, Obdachlose, Arbeitslose, entlaufene Fürsorgezöglinge, Gäste aus der Herberge zur Heimat. Es wurde getauscht, gehandelt, getrunken, gesungen, geschmaust. Haarmann galt ihnen allen als guter Beschützer und Herbergsvater. In der großen Butzenklappe unter der Treppe, wo er die Toten verbarg, standen neben der Leiche Töpfe mit Fleisch, lagen Näschereien, Käse, Wurst, Schokolade für die hübschen Jungen. Man schlief oft zu dreien und vieren; wechselweise Geschlechtliches treibend. Auch Elli, Dörchen und Anni kamen oft zu Gast. Dörchen, eine energische resolute Person, trotz Lues und Luderleben immer noch schön und wohlansehnlich, besorgte Haarmanns kleinen Haushalt; nahm das Zimmer auf, kochte für die ganze Gesellschaft Schokolade oder Kaffee und saß wohl auch an langen Nachmittagen bei Haarmann auf dem Bett. „Herr Haarmann konnte alles. Wir stopften zusammen Strümpfe, besserten die Kleider aus. Auch Sülze machen und Wurst bereiten konnte Herr Haarmann. Wenn wir nähten oder flickten, dann rauchten wir Zigarren; dann nahm mich Herr Haarmann fest um die Taille und sagte: „Dörchen, du bist die Beste. Ich heirate dich doch noch." Aber Herr Haarmann machte doch nur Spaß. Denn er wollte mich ja nicht; er war ja man immer bloß für Jungens." – Freilich gab es dann auch immer wieder ganze Tage und Nächte, wo Haarmann niemanden in sein Zimmer einließ und die Besucher wegschickte. Dann waren die zwei Fenster nach der Straße und das Fenster am Treppenabsatz sorglich verhängt, und das Schlüsselloch der Türe war verstopft. Er zerlegte dann eine Leiche. Es ist freilich rätselhaft genug, daß in dem dichtbevölkerten Hause in der engen Gasse niemand davon merkte, ja daß sogar die drei Dirnen und die ab- und zulaufenden Jungen zunächst keinen Verdacht faßten. Aber der Leser bedenke auch dies: Man dachte an vielerlei *anderes*. Man brauchte nicht gleich an Mord zu denken. Die unzüchtigen Gewohnheiten und Diebereien des Herrn Kriminal waren ja auf der „Insel" so allgemein bekannt, daß die Gassenbuben, die hannoverschen „Buttjers" und „Binken", ihm unanständige Worte nachriefen, ihn „Pittenwieser" hänselten oder sich für Geld ihm anboten: „Fritze, wollen wir mal! Fritze, nimm auch *mich* mal. Fritze, was gibste mir dafür?" – Vom 1. März 1922 bis Juni 1924 blieb Haarmann in Freiheit; (vielleicht nur dank seiner Tätigkeit im Dienst der Polizei). Seine Einnahmen wurden in diesen zwei Jahren sehr gut. Zunächst erhöhte das Fürsorgeamt auf das Attest des Dr. Bartsch hin (welches ihn für *ganz* invalide und arbeitsunfähig erklärte), die Militärrente. Mit seiner Invalidenkarte ging er nun in die Häuser und stellte sich, bescheiden und freundlich, vor, als „Aufkäufer alter Kleider". Er bekam viel geschenkt, an einer Stelle einmal fünf Paar Stiefel. Das Erbettelte wurde durch die "Puppenjungens" (Pupen = Buhljungen), besonders aber durch Hans Grans an die „Juden" (Althändler) verkauft. Sodann blühte in den Jahren 1922 bis 1924 (wo ihm auch das mütterliche Erbteil ausgezahlt wurde) seine emsige Tätigkeit als „Kriminal". Einer der tüchtigsten Beamten der hannoverschen Kriminalpolizei, der Kommissar Müller, wurde Haarmanns besonderer Gönner und Auftraggeber. Müller hat nachmals ausgesagt, daß er Haarmann für eine taktvolle und feinere Natur gehalten habe und daß er den Zuchthausentlassenen wieder auf bessere Wege habe bringen wollen, ja oft väterlich auf ihn eingewirkt habe, wobei der Haarmann (die Heuchelei unserer Gesellschaft noch überheuchelnd) das reuige Lamm und gebesserte Schäfchen spielte. Die Zutreiberdienste für Müller nahm Haarmann in folgender Weise vor: Wenn ein Diebstahl im Verbrecherviertel dank seiner zahllosen Verbindungen mit allen zweifelhaften Elementen ihm bekannt geworden war, dann ließ er die Diebe auffordern, nachts in seine Höhle an der Neuen Straße zu kommen, wo er die Diebsware verstecken oder aufkaufen wolle; zugleich aber gab er heimlich dem Polizeikommissar einen Wink, welcher zur selben Stunde, wo die Diebe in der Wohnung waren, ein paar Wachen losschickte, die das ganze Nest aushoben und gefesselt aufs Polizeipräsidium brachten; Haarmann wurde zum Schein mitgefesselt und mitverhaftet, so daß seine Verrätereien an die Polizei sogar in der Verbrecherwelt streng verborgen blieben. Umgekehrt pflegte er natürlich auch seine Polizeikenntnisse zu Gunsten seiner nachts auf dem Bahnhof oder in den Herbergen aufgegriffenen „Lieblinge" zu verwerten. Denen sagte er oft: „Wenn ihr mal was ausgefressen habt, dann haltet euch an mich." Er pflegte auch der Hehler- und Diebeswelt in der Altstadt manche nützliche Winke zu geben, ja war eine Art Ordnungsstifter und Auskunftsbüro in allen Kriminalsachen. Er unterschied sich von den kleineren Kriminalbeamten wohl nur dadurch, daß er – intelligenter war . . .

Nicht weit von Haarmanns Wohnung befand sich der Friseurladen von Fridolin Wegehenkel, wo das ganze Viertel sich rasieren und verschönern ließ, zugleich aber auch allerlei kleine Schiebergeschäfte gern im Vorübergehen verabredete. Fridolin Wegehenkel, ein blonder, langer, schmächtiger Mann, besorgt und ernst blickend, und seine Gattin Josefine geborene Gerke, 48 Jahre alt, sowie deren verheiratete Tochter, Frau Stille, bildeten den Mittelpunkt von Haarmanns „Familienverkehr". Bei Wegehenkels feierte man Weihnachten und Neujahr. Bei Wegehenkels sangen Haarmann, Hans und Hugo „Stille Nacht, heilige Nacht" und zündeten den Lichterbaum an. Bei Wegehenkels im Laden gab man sich gerne Stelldicheins und machte mittags ein frohes Schwätzchen. Madame Wegehenkel, immer etwas süßlich, leidend und kränklich, wurde allmählich Haarmanns Vertraute. Sie diente als Kommissärin für einen schwunghaften Handel mit älteren und neueren Knaben- und Jünglingskleidern. So wurden die Kleider der Toten sofort aus dem Hause geschafft. Haarmann verschenkte wohl auch die Kleider des ersten sofort an einen nächsten und verwischte damit die Spur. Das ganze Viertel hielt ihn für einen Wohltäter der Obdachlosen, wußte auch allgemein von seinen homosexuellen Neigungen, fragte also gar nicht nach der *Herkunft* der Mäntel, Jacketts, Hosen und Wäschestücke, die er täglich brachte. Denn daß sie aus immer neuen Morden herrührten, konnte man in der Tat nicht gut annehmen. Wir wollen also immerhin glauben, daß keiner in dieser notigen kellerfarbenen Hinterwelt merkte, was Haarmann in seiner Mordhöhle trieb. Sicher aber ist jedenfalls auch, daß man das gar nicht wissen *wollte*, und daß jedermann ein Interesse daran hatte, *nicht allzu genau hinzusehen*. So half die ganze Umgebung eben doch auch an den Mordtaten mit. Aber zu ihren Gunsten möge man stets bedenken, daß sie alle in Haarmann einen „besseren Herrn" sahen, der in schwerer Notzeit ihnen Geld zu verdienen gab, mit ihnen bei zahllosen kleinen Gaunereien und Mistfinkeleien durchsteckte (und jeder hat ja schließlich irgend etwas zu verbergen) und der, wie alle wußten, auf dem „Polizeipräsidium" aus und ein ging, ja, zuweilen sogar Besuch erhielt von einflußreichen und bedeutenden Herren, wie den Kriminalkommissaren Müller und Olfermann. Einmal bot ein Bursche in Wegehenkels Laden einen Schinken aus, der offenbar nicht ehrlich erworben war. Die blonde, schmachtende Madame Wegehenkel schickte sofort heimlich zu „Kriminal Haarmann" hinüber, der denn auch erschien, den jungen Dieb verhörte und den Schinken beschlagnahmte, welchen Wegehenkels vergnügt anschnitten „zu Pfingsten, als der Kuckuck schrie". Haarmann schimpfte sehr, als er nichts davon abbekam. Ein andermal wurden Hunderte von Säckchen mit Blumensamen zum Verkauf angeboten und wieder erschien „Kriminal Haarmann" im richtigen Augenblick und beschlagnahmte die Säcke, worauf die jungen Diebe schleunigst die Flucht ergriffen. War es also zu verwundern, daß das Ehepaar Wegehenkel, welches gelegentlich übrigens auch mal den Herrn Kriminal „übers Ohr balbierte", seinerseits gern die Augen zudrückte, falls in Haarmanns Staate wirklich etwas faul war? Aber die wahre Blütezeit für den Kriminal setzte doch erst ein, als er *selber* Chef eines Detektivinstituts und somit eine Art selbständige Polizeimacht geworden war.

Das kam so: In der großen Geschäftsbücherfabrik von Edler & Krische wurde in der Inflationszeit im Auftrage der deutschen Reichsbank Papiergeld gedruckt. Dabei kam Druckpapier abhanden, aus welchem falsche 50-Mark-Scheine hergestellt wurden, die im Betriebe der Firma plötzlich auftauchten. Die Firma wendete sich zur Aufklärung des Falles an die „Detektivzentrale ehemaliger Polizeikommissare", welche von einem Grenzpolizeikommissarius Olfermann geleitet wurde. Dieser erhielt Auftrag, die Fälscher zu ermitteln und ihm wurde empfohlen, sich mit Haarmann in Verbindung zu setzen, der in früheren Fällen so gute Spitzeldienste geleistet habe. Olfermann erhielt nun in der Tat von Haarmann einige günstige Fingerzeige, so daß er die Verbindung mit Haarmann fortan auch fernerhin aufrecht erhielt. –

Kaum eine zweite Gestalt in dem großen Kriminalprozeß ätzt sich so ehern in die Erinnerung ein, wie dieser „Kriminalkommissarius a. D. Olfermann", Beamter eines Herrn v. Willms, welcher vorsteht dem vom „Niedersächsischen Adelsbund" begründeten Detektivinstitut „Heimschutz". Ein stocksteifer, langer, dürrer, von moralischer Entrüstung geschwellter Würdeherr, in schwarzem Gehrock mit dunklen Glacéhandschuhen; die Augen hinter einer goldenen Brille verborgen; in jeder Bewegung der untadelige, honorige, gestrenge Beamte, mit sonorem Pathos unter Eid jede nähere Bekanntschaft mit Haarmann entrüstet ableugnend und weit von dem Verbrecher abrückend, bis ihm Schritt um Schritt nachgewiesen wird, daß er mehrfach von Haarmann Geld und Geschenke angenommen hat, daß er mit Haarmann in vielen Fällen zusammenarbeitete und schließlich, als er am 1. April 1923 aus seiner Detektivzentrale ausschied, dem Haarmann gemütlich den Vorschlag machte, gemeinsam ein *eigenes* Detektivgeschäft zu gründen, denn Haarmann hatte es verstanden, ganz in das Vertrauen des wohlhabenden, aber immer auf neue Verdienstmöglichkeiten erpichten, nicht allzu wählerischen aber doch hochbürgerlich korrekten Herrn sich einzuschleichen. Er erzählte bei gemeinsamen Beratungen im Café, im Restaurant, in seiner oder in Olfermanns Wohnung von seinen guten Beziehungen zu Verbrechern und Polizei, von neuen „Methoden" in der Entdeckung von Verbrechen, nach denen er „arbeitete" und hatte den Olfermann schließlich so weit, daß sie gemeinsam begründeten das „Amerikanische Detektivinstitut Lasso". (In der Tat *das* Lasso, welches Haarmann fortan zum Einfangen seiner Mordopfer auszuwerfen pflegte.) – Haarmann ließ einen Stempel verfertigen, Olfermann stempelte in Haarmanns Wohnung verschiedene Ausweise, welche mit einem Lichtbild versehen wurden und folgendermaßen lauteten: „Inhaber dieser Karte ist Detektiv der „Lasso" und arbeitet für das Hannoversche Polizeipräsidium. Er bittet alle in Ausführung seines Berufes um Beistand. Lasso Detektive." – Von diesem Ausweis machte fortan Haarmann bei seinen Streifzügen im Bahnhof den ausgiebigsten Gebrauch, auch noch, nachdem im Juni 1923 die Freundschaft mit Olfermann in die Brüche ging. Nachmals, während des Prozesses, spielte diese Ausweiskarte eine willkommene Rolle zur Entlastung der Polizeibehörde, weil mittels ihrer leicht zu erweisen war, daß Haarmann als „Privatdetektiv" und nicht mit *offizieller* Unterstützung auf dem Bahnhof seine Mordzüge unternommen hat.

Zu allen diesen dunklen Erwerbs- und Einnahmequellen des Haarmann in den Jahren 1922 bis 1924 kommt nun noch eine dunkelste, denn wenn es uns auch gelingen sollte, den ganzen wunderlichen Komplex nach allen Seiten hin zu durchleuchten, so bleiben doch zwei Punkte tief im dunkeln: Erstens: der unmittelbare Mordakt, von welchem Haarmann, der sonst mit breiter Geschwätzigkeit alles aufklärt, immer nur störrisch und widerwillig Beschreibungen gibt, und zweitens: der mystische Fleischhandel, den er stets abschob auf einen Unbekannten namens „Schlachterkarl", von welchem er bald aus Recklingen, bald aus Ronnenberg, bald aus der Markthalle das Fleisch bezogen haben will, welches er zur Hälfte des *sonst* für Pferdefleisch üblichen Preises in kleinen knochenlosen Stücken oder als Hackfleisch auszubieten pflegte. Er belieferte damit die Familie des Friseurs Wegehenkel und deren Bekannte und bezahlte auch die Waschfrau Johanne Alsdorf, bei der er seine Wäsche reinigen ließ und durch die er gelegentlich auch Wäschestücke verkaufte (eine arme verkümmerte, fast leichenhaft aussehende Frau), statt mit Geld immer nur mit frischem Fleisch. – Vollends als er zu der Familie Engel in die „Rote Reihe" zog, wurde das von Haarmann gelieferte Fleisch in der Speisewirtschaft des Vater Engel verwendet.

War denn nun aber in dem ganzen Neuen-Straßen-Viertel niemand, der an diesem offensichtlich lichtscheuen Treiben Anstoß nahm, niemand der sich gelegentlich Gedanken darüber machte? Doch! Es wurden in der Tat verschiedene Male Anzeigen erstattet und Haussuchungen abgehalten; aber es war, wie wenn alle Dämonen der Finsternis mit Haarmann im Bunde stünden.

Schräg gegenüber der Haarmannschen Wohnung liegt ein Zigarrenladen, in dem er sich täglich Zigarren und Zigaretten kaufte. Der Zigarrenhändler Christian Klobes, ein zweifellos cholerischer und eitler, aber scharfsichtiger Mann, fand das Getriebe in der Nachbarschaft stets verdächtig und sagte seinem Nachbar, dem Klempner Lammers, wenn sie abends vor der Tür ihr Schwätzchen hielten: „Karl, dat geiht nich tau mit rechten Dingen! Dat vele Jungensvolk. Ik glöbe, hei let se rinn, aber sei komet nüch wedder rute“; und Lammers antwortete: „Wat ik glöve, hei verköft Jungens nach Afrika, an de Fremdenlegion.“ Daraufhin beruhigte man sich zunächst. Aber Klobes beschloß, den merkwürdigen Nachbarn gelegentlich mal „hoch zu nehmen“. Als Haarmann eines Mittags wieder Zigarren kaufte, begann der dicke Klobes: „Sagen Se mal, Herr Nachbar, bei Sie kommen die vielen jungen Leute; Sie haben gewiß 'ne Stellenvermittlung?“ Haarmann blickte mißtrauisch auf, dann rief er, plötzlich auf eine am Laden vorübergehende Frau zeigend: „Dunnerslag, die muß ich sprechen; das is 'ne Bekannte“; und fort war er. Aber der Zigarrenhändler beobachtete, daß er die Frau nicht anredete, sondern um die nächste Ecke bog. Seither ließ Haarmann sich in dem Zigarrenladen nicht mehr sehen. Denn von solchen kleinen Schlauheiten saß der Mann voll. Als ihm die Hauswirtin Rehbock nach einem Zank das Zimmer sperren wollte, stieg er von außen durchs Fenster. Aber um die Glasscheibe nicht bezahlen zu müssen, lief er zum Schein auf der Straße hinter einem Jungen her, stieß *selber* im Vorbeilaufen das Fenster ein und brüllte dabei über die Gasse: „Haltet den Jungen. Er hat das Fenster eingeschmissen.“ Dann erst kletterte er durch die zertrümmerte Scheibe. – Der Zigarrenhändler, der Klempner und noch eine Nachbarsfrau verabredeten, sie wollten aufpassen, was mit „dem Kriminal los is“. – Kam man nachts durch die alte Gasse, so sah man hinter den Fensterläden Schatten auf und ab wogen, und mehrmals bemerkten die Beobachter, daß in dem Zimmer Personen sich bewegten, die völlig nackt schienen. In anderen Nächten brannte ein gedämpftes Gaslicht. Alles war dicht verhängt, und man hörte bis zum frühen Morgen dumpfes Hämmern, Klopfen und Sägen, als wenn in dem Räume, in dem übrigens auch ein sogen. „Fleischwolf“ stand, Knochen gehackt oder Fleisch bereitet würde. Da die dort einströmenden Jungen manchmal Geflügel oder Kaninchen brachten, einige Male auch eingefangene Hunde in dem Raume geschlachtet wurden (wobei Haarmann sich benahm, als ob er das Schlachten nicht mitansehen könne), so hatte man auch aus diesen Geräuschen lange kein Arg. Immerhin verabredeten die Nachbarn, als in den Zeitungen so viele Anzeigen von vermißten Knaben zu lesen waren, sie wollten sich die Gesichter der jungen Leute merken, die in Haarmanns Gesellschaft auf der „Insel" gesehen wurden. Als nun wieder einmal ein junger Mensch, Sohn eines höheren Beamten aus Darmstadt, der auf der Durchreise sich in Hannover aufhielt, verschwunden war, da ging der brave Zigarrenhändler aufs Polizeipräsidium und ließ sich die Photographie des Vermißten zeigen, und richtig! es war einer von den jungen Leuten, die er in Haarmanns Gesellschaft gesehen hatte. Es wurde denn auch sofort eine Haussuchung bei Haarmann angeordnet, aber es war, als ob auch in diesem Falle die Dämonen der Unterwelt schützend vor dem Verbrechen ständen; man fand zwar Kleider von dem Jungen, Haarmann gab auch sogleich zu, daß er mit dem jungen Manne widernatürlichen Verkehr gehabt habe, bestritt aber, den Verbleib des jungen Mannes zu kennen, und wirklich stellte sich einige Tage später der Verschwundene bei seinen Eltern in Darmstadt wieder ein, und als nun abermals der biedere Klobes auf dem Polizeipräsidium erschien, um Verdächtiges anzuzeigen, wurde er als ein lästiger Quengler grob angelassen und verlor nun die Lust, noch weiterhin als privater Späher tätig zu sein. Und doch beobachteten er und seine Frau gerade um diese Zeit einen Vorgang, der leicht zu einer Entdeckung hätte führen können. Sie hatten bemerkt, daß Haarmann oft gegen Abend mit Paketen oder mit Säcken seine Wohnung verließ und schlichen ihm an einem Maiabend in der Dämmerung nach, als er mit einem schweren Sack die Leine entlang in die „Masch" ging; hinter einem Busch versteckt sahen sie, daß er den Sack in den Fluß warf. Bei solchen Beobachtungen wäre wohl im Laufe der Zeit der Mordbetrieb ans Licht gekommen, wenn nicht Haarmann am 9. Juni aus der Neuen Straße fort- und nach Rote Reihe 4 verzogen wäre, wo er eine im 4. Stockwerk gelegene unmöblierte kleine Bodenkammer von einer Frau Engel gemietet hatte. – Grans machte den Umzug nicht mit. Er saß vom April bis Juli im Gefängnis, weil er eine aus einer Kaserne gestohlene wertvolle Stoppuhr unterschlagen hatte. Als er wieder herauskam, trieb er sich zunächst herum, nächtigte auch gelegentlich wieder bei „Onkel Haarmann", zog dann aber schließlich mit seinem Freunde Hugo Wittkowski zusammen nach Burgstraße 14, wo sie von einer

Arbeiterfamilie namens Krohne ein Zimmer mieteten. Sie lösten sich einen Gewerbeschein und begannen auf Jahrmärkten und in Wirtschaften mit unechten Ketten, Ringen und Uhren zu handeln; führten im übrigen ein rechtes Luderleben und bekamen auch Geld von ihren „Bräuten". Das Verhältnis zu Haarmann aber wurde fremder und feindlicher.

In der „Roten Reihe"

Das Haus, an 250 Jahre alt, ist ein altes Fachwerkhaus mit zwei Fronten, und zwar mit der einen nach der „Roten Reihe", dem Judentempel gegenüber, und mit der anderen nach der Bäckerstraße zu gelegen. Im Parterre befand sich ehemals eine von der Familie Engel geführte kleine Schankwirtschaft. Durch einen sehr engen Hausflur über eine schmale, winkelige, steile Treppe gelangt man in das Dachgeschoß, das nach der Bäckerstraße zu das *dritte*, nach der Roten Reihe zu das *vierte* Stockwerk bildet. Oben führt eine schräge Rampe auf den engen Gang, in dem rechts hinten die Eingangstür zu dem Mordraum liegt. Es ist eine nur etwa 7 qm große Kammer. Der Fußboden wie die Wand zeigten sich bei der späteren Untersuchung mit Menschenblut durchtränkt. In der Kammer befindet sich linker Hand von der Eingangstür ein kleiner, aus dem Dache hervorgebauter Erker mit einem Fenster nach der Roten Reihe zu. Daneben fällt das schräge Dach zurück. In dem dadurch gebildeten Winkel an der der Tür gegenüberliegenden Wand stand ein Bord; neben diesem das blutdurchtränkte, seegrasgepolsterte Feldbett. An den Wänden rechts und links von der Tür standen kleine Tische. Ein Waschständer und zwei Stühle vervollständigten die Einrichtung. In der Tapete steckten Postkartenbilder unzüchtigen oder sentimentalen Geschmacks. An der Zimmerdecke, zwischen dem Tische rechts und dem Bette hatte Haarmann an Ketten einen Kochtopf aufgehängt, so daß er von unten erhitzt werden konnte. Ein Ofen ist nicht vorhanden. Unter dem Fenster im Erker befindet sich ein kleiner Verschlag. In demselben Geschoß liegen die Wohnräume der Eheleute Lindner, deren Küche unmittelbar an Haarmanns Zimmer stößt (von ihm nur durch eine dünne Wand getrennt) sowie mehrere zu den anderen Wohnungen des Hauses gehörige Bodenkammern. Auf dem Flur ist eine Wasserleitung. Die Klosetts liegen auf dem engen Hofe, auf den zahlreiche Fenster münden . . .

Vergegenwärtigen wir uns die Hausbewohner: Vor uns steht ein kleiner, mit allen Hunden gehetzter, in allen Wassern gewaschener Zwergteufel, ein Weib von der Physiognomie jener Gesche Margarete Gottfried, die man in

Kriminalwerken oft abgebildet findet. Das ist Elisabeth Engel, geborene Bräutigam, eine Frauensperson von 50 Jahren, klein, dürr, überintelligent, war dreimal verheiratet, hatte acht Kinder, von denen nur eins am Leben blieb (nämlich der Arbeiter auf der „Continental" Theodor Hartmann, ein 18jähriges, sehr verschlagenes, etwas geckenhaftes Bürschchen). Gegenwärtig ist Mutter Elisabeth verheiratet mit dem Arbeiter Wilhelm Engel, Ordner in der sozialdemokratischen Partei (verschwiemelt und roh, aber gutmütig-phlegmatisch, wenn er nicht getrunken hat). – Wie hatten Haarmann und seine Getreueste sich kennengelernt? Im Frühling 1923 wollte die Engel beim Roßschlächter auf der Insel Fleisch einholen, aber es war ausverkauft, da traf sie nahe dem Laden den Kriminalbeamten Haarmann, den sie von Ansehn kannte (denn sie ist Scheuerfrau auf der Kriminalpolizei), und Haarmann bot ihr ein Pfund Pferdefleisch, welches damals 60 Pfennig kostete, schon für 35 Pfennig an. Daraus entwickelte sich eine Fleisch-Freundschaft. Sie kamen bald auf Du und Du; gingen miteinander ins Kino, „kungelten", „kütchebütchten", „tusterten", „trampelten", „hamsterten" und „drehten manche schwule Sache"! Haarmann schenkte der Frau manch abgetragenes Kleidungsstück (er war ja Kleiderhändler und hatte Gewerbeschein); dafür übernahm sie es, die anderen Kleidungsstücke für ihn zu verkaufen (sie stammten ausnahmslos von Knaben und jungen Leuten). Im Radfahr- und Turnverein „All Heil", in welchem Vater Engel und sein Stiefsohn, der junge Theodor Hartmann große Nummern waren, fand sich mancher, der bald einen Selbstbinder, bald einen Hut, bald eine Breecheshose gern billig erwarb. „Eine Hand wäscht die andere." Haarmann überließ der Familie für ihren Ausschank billiges Fleisch, und als er sich im April mit seiner Hauswirtin Rehbock herumschlug, fragte er die Engel: „Können Sie mir nicht ein anderes Zimmer schaffen?" Die Engel erwiderte: „In unserem Hause ist eine leere Dachkammer; die können Sie haben." So kam er denn am 9. Juni in die alte Baracke am Judentempel, wo wenigstens 20 Morde mitten in einer menschenvollen, aller Wohlfahrt spottenden Mansardenhöhle ausgeübt wurden. (Man stelle sich einmal vor, Haarmann wäre ein Jude gewesen, welche Ritualmordmären und Pogrome hätten dann im Volke entstehen müssen.) – Nur durch eine dünne Tapetenwand von Haarmanns Dachzimmer getrennt, liegt die Küche der Frau Lindner. Frau Lindner ist eine junge, schlanke, blonde Frau, sehr fürs Feine. Als Haarmann in das Haus einzog, erzählte er sogleich allen Mitbewohnern, daß er für Sauberkeit sorge und sehr „apart" sei; daher das Klosett, das man zu fünf Parteien gemeinsam benutzte, nicht besuchen, sondern seinen Eimer dorthin tragen werde, und sein Stoffwechsel mußte außerordentlich sein, denn man sah ihn nun alle Viertelstunde mit einem verdeckten Eimer zu dem ewig verstopften Klosett und dann zu der im Flur liegenden Wasserleitung gehen, wie er denn unaufhörlich in seinem Zimmer, das die Engel (angeblich!) nie betrat, wischte und schrubbte. Der Mann von Frau Lindner ist Glasarbeiter; ein kleiner, gutartiger, schwarzer Stiesel. Außerdem wohnte bei ihnen ein besseres Fräulein, das zuweilen Herrenbesuche empfängt. Und dann war da auch ein kleiner Hund namens Fuchsie. Dem brachte Haarmann zuweilen Knochen. Aber Frau Lindner konnte Haarmann nicht leiden und ärgerte sich über die vielen Besuche von Jungen, die auf der engen Stiege trampelten. Es gab in dem Hause vielen Zank. Das Ehepaar Lindner schlug sich. Er sagte: „Du Hure." Sie vermöbelte ihn mit dem Besen. Auch das Ehepaar Engel zankte sich im Parterre, wenn er „knülle" war. Grans hatte vor Frau Lindner auf der Straße ausgespuckt; darauf hatten sich Haarmann und die Lindner auf der Treppe angeschrien; dann hat „Herr Haarmann" um Entschuldigung gebeten und hat gesagt: „Darf ich die Herrschaften miteinander bekannt machen? Meine Nachbarin Frau Lindner – mein langjähriger Mitarbeiter Herr Grans." Seit der Zeit haben sie sich wieder gegrüßt. – Aber wenn die vielen Jungen zu Herrn Haarmann kamen, dann haben Frau Lindner, das Fräulein, das bei Lindners wohnte und ein unbekannter aber feiner Herr, der gerade zum Besuch war, durch die Türritze zugesehen. So sind sie bald dahintergekommen, daß bei Haarmanns Verkehr mit den jungen Leuten dunkle Dinge im Spiele waren. Sonst aber war das Leben lustig! Große Platten Fleisch wurden in Engels Küche gebraten. Auf Haarmanns Zimmer wurde gesungen und getrunken. Die Eheleute Lindner haben wiederholt „Schupo" und „Sipo" herbeigeholt. Einmal hat sogar die junge Frau zusammen mit einem Kriminalassistenten eine ganze Nacht drüben am Judentempel gestanden und Haarmanns Licht belauert. Aber der Zufall fügte es, daß gerade immer dann, wenn die Polizei eingriff, nichts Besonderes zu entdecken war. Auch war Haarmann von großer Frechheit. Einmal kam nach wiederholtem Ansuchen der Nachbarn die Polizei in der Nacht, um bei Haarmann Haussuchung zu halten. Haarmann schloß die Türe nicht auf. Er machte die Beamten ruhig darauf aufmerksam, daß, wenn kein Befehl zur Verhaftung vorliegt, nach § 106 keine Haussuchung zwischen 10 Uhr abends und 6 Uhr morgens stattfinden darf. „Kommen Sie also um 6 Uhr wieder." Als die Polizei dann wiederkam, war nichts Verdächtiges zu finden. Die Nachbarn aber sagten: „Es hat doch keinen Zweck, das Treiben anzuzeigen. Haarmann behält immer Recht. Er ist mit allen Beamten auf Du und Du." – Im zweiten Stock wohnte Frau Fobbe, eine große, kräftige, energische und brave

Frau, Spiritistin, Gesundbeterin und Todfeindin der Engel im Parterre. Im dritten Stock wohnt Frau Mühlhan. Sie sieht aus wie eine gute, alte Eule und legt den Mädchen die Karten. Diese beiden braven Seelen waren überzeugt: „Herr Haarmann ist bei der Mitternachtsmission. Er tut Gutes an die Obdachlosen. Er führt sie zum Arbeitsnachweis und gibt die armen Jungens zu essen." – In der Küche der Mutter Engel im Parterre wurde Sülze bereitet. Haarmann brachte in einer Schüssel, die er mit einem Tuche verdeckt hatte, in kleine Würfel geschnittenes Fleisch und schüttete es in kochendes Wasser. Von dem gekochten Fleisch, das blaß aussah und nach seinen Angaben Schweinefleisch sein sollte, füllte er das Fett ab, glühte dieses Fett dann noch einmal aus und füllte es in Flaschen. Das Fleisch wurde durch eine Fleischmaschine gedreht und dann in die Schale gefüllt. Vor Weihnachten 1923 machte Haarmann in der Engelschen Küche auch einmal Wurst in Därmen, die angeblich Hammeldärme sein sollten. Haarmann, der regelmäßig bei Engels aß, verzehrte diese Wurst gemeinschaftlich mit seinen Wirtsleuten; sie war gut gewürzt und schmeckte wie Brägenwurst. Auch von der Sülze und dem ausgeglühten Fett bekam die Familie Engel jedesmal ihren Teil. Aber seit Mitte April 1924 bezogen sie kein Fleisch mehr von Haarmann, weil ihnen danach übel wurde und sie es nicht mehr mochten. Über die Herkunft dieses Fleisches ließ sich gar nichts feststellen. Die Hausgenossen geben an, es sei ihnen aufgefallen, daß Haarmann oft mit Fleischpaketen das Haus verließ, aber nur selten mit Paketen ankam. – Haarmann führte im übrigen ein gutes Leben und ließ viel Geld springen. Er verkehrte mit seinem Liebling Grans in guten Wirtschaften und machte dort manchmal Zechen von 50 bis 60 Mark an einem Tage. Gelegentlich wurden auch Dörchen und Elli mitgenommen. Dann trank man Kognak und Sekt.

Die Entdeckung

In den Monaten Mai und Juni 1924 hatten sich die Schädel- und Leichenfunde so gemehrt, daß eine Volkspanik auszubrechen drohte. Es wurden Ausschreiben in der Presse mit einer Beschreibung der aufgefundenen Schädel veröffentlicht, um Anhaltspunkte aus der Bevölkerung zu gewinnen. Zugleich erinnerte man sich nun endlich der vielen Anzeigen, die im Laufe der Jahre gegen Haarmann eingelaufen waren und des Verschwindens der beiden Schüler im Jahre 1908, wobei schon einmal Haarmann in Mordverdacht geraten war. Man beschloß nun folgendermaßen vorzugehen. Da Haarmann alle Polizeipersonen der Stadt kannte, so ließ man zwei junge Kriminalbeamte aus Berlin kommen, die sich als scheinbar Obdachlose am Bahnhof herumtreiben und an Haarmann heranmachen sollten, um sein Treiben ständig zu beobachten und ihn womöglich auf frischer Tat zu ertappen. Aber wieder machte der Zufall einen Strich durch diese Rechnung. Der letzte Junge, den Haarmann aufgegriffen, in seine Wohnung verschleppt und dort mißbraucht hatte, war ein 15jähriger Fürsorgezögling namens Kurt Fromm, ein dumpfer, schwerfälliger und begriffsstutziger Mensch, den er am 18. Juni am Bahnhof angesprochen und dann mehrere Tage bei sich in der Wohnung behalten hatte. In der Nacht des 22. Juni traf Haarmann mit dem jungen Fromm abermals in der Nähe des Bahnhofs zusammen, wobei die beiden in Streit gerieten und Fromm den Haarmann frech und überlegen zu behandeln begann. Um den Jungen zu ducken, um seinem Ärger Luft zu machen, oder aus einem gleich zu erwähnenden *anderen* Beweggrund hatte Haarmann die ungeheure Keckheit, auf die Bahnhofswache zu gehen und zu fordern, daß man den jungen Fromm verhaften möge; Fromm, so gab er an, habe ihm anvertraut, daß er auf falsche Papiere reise. In der Tat erfolgte nun sofort die Verhaftung des Jungen. Es war zwei Uhr nachts. Auf der Wache bezichtigte der Junge nun auch den Haarmann, daß dieser ihn mehrere Tage und Nächte bei sich behalten, ins Zimmer eingeschlossen und zu widernatürlicher Unzucht verleitet habe. Morgens beim Erwachen habe Haarmann ihm ein scharfes Brotmesser an die Kehle gesetzt und gefragt, ob er sich wohl vor dem Tode fürchte. Als er sehr erschrocken gewesen sei, da habe Haarmann gelacht und gesagt, das sei nur Spaß; wenn ihm jemand etwas tun wolle, so möge er nur kräftig schreien. – Da zufällig ein Beamter des Unzuchtsdezernats auf der Wache war, welcher wußte, daß man ohnehin den Haarmann zu verhaften wünschte, so beschloß dieser, den gefährlichen Vigilanten nun doch gleich mitzunehmen, bevor er möglicherweise Verdacht schöpfen und sich in Sicherheit bringen könne. So wurde Haarmann am 23. Juni morgens ins Gefängnis eingeliefert. Er selber hat in späterer Zeit erklärt, daß er die Verhaftung des jungen Fromm nur darum veranlaßt habe, weil er gewußt habe, daß er auch diesen Jungen töten werde und von einer dunklen Angst erfaßt worden sei, daß er diesem Mordwollusttriebe nicht lange mehr widerstehen werde. Könnte man dem Haarmann das glauben (und wer sein Wesen beobachtete, dürfte geneigt sein, dies zu glauben), so wäre die erste Gelegenheit, bei welcher eine Art „moralischer" Hemmung ihn ergriff, auch sein Untergang geworden. – Dies war am 22. Juni. Erst am 29. Juni erlangte man ein dämmerndes Geständnis.

Das Geständnis

Nachdem man die Wirtinnen und Hausbewohner des Haarmann vernommen, eine Fülle von Zeugen verhört, vor allem aber unter den in Haarmanns Wohnung aufgefundenen, oder in seinem Bekanntenkreis beschlagnahmten, oder auch von diesem freiwillig herbeigebrachten Kleidern und Wäschestücken mehrere hundert Asservate zusammengebracht hatte, die im Kriminalpräsidium ausgestellt und von den Angehörigen vermißter Personen besichtigt, als Eigentum verschwundener Knaben und Jünglinge erkannt worden waren, da waren die Belastungsmale so gehäuft, daß man sicher war, in Haarmann den gesuchten Massenmörder eingefangen zu haben, aber dennoch vermochte man in keinem einzigen Falle ihm eine Tat einwandfrei zu *beweisen*. Daß die Kleider und Eigentumsstücke so vieler vermißter Personen in seiner Umgebung gefunden wurden, oder durch seine Hände gegangen waren, erklärte er mit seinem Tausch- und Ramschhandel, gab auch zu, die meisten Verschwundenen gekannt und mit ihnen geschlechtlich verkehrt zu haben, behauptete aber, von ihrem Verbleib nichts zu wissen und gab für die Blutspuren in Wäsche, Betten und Kleidern harmlose Erklärungen, ja, verstand es, mit eherner Geschicklichkeit sich durch alle Torturen des Inquisitionsverfahrens hindurch zu winden. Wieder mußte ein Zufall die volle Überführung ermöglichen. Unter den von Haarmann Getöteten befand sich ein junger Mann namens Robert Witzel, dessen Eltern seit nahezu einem Jahr siebenzehnmal das Polizeipräsidium nach dem verschwundenen Sohn bestürmt hatten. (Zwischen der ersten Anzeige, die diese Familie gegen Haarmann erstattete, bis zu dessen *Verhaftung* geschahen noch fünf Morde.) Als die ersten Schädel im Lustgarten des Königschlosses angespült wurden, ließ ein Ingenieur der „Excelsior“, in welcher der Vater des Witzel als Werkmeister arbeitet, diesen Vater kommen, um ihn nach der Lebensweise des Verschwundenen zu befragen. Und dieser Ingenieur Heinrich Meldau, der sich aus Liebhaberei gern mit sexualpathologischen Fragen beschäftigte, veranlaßte auch den Vater, die Schädelfunde zu besichtigen, um etwa den Schädel des Sohnes, der ein sog. Sägegebiß hatte, daraus zu ermitteln. Man wußte von dem Vermißten nur, daß er am letzten Abend vor seinem Verschwinden einen Zirkus besuchte. (Daher die Polizei angenommen hatte, daß der Junge abenteuerlustig mit dem Zirkus auf und davon gegangen sei.) Es bestand aber bei den Eltern dauernd der Verdacht, daß der nächste Freund ihres verschwundenen Sohnes, ein 14jähriger überaus frühentwickelter Jüngling namens Fritz Kahlmeyer, sehr kräftig, mit auffallend hübschem Mädchengesicht, ein verstockter und verschlagener Bursche, von dem Zirkusbesuch etwas wissen müsse, was er aus Angst oder Scham vorenthielt. Nachdem alles Einreden aus dem jungen Kahlmeyer nichts herausgebracht hatte, machte der Vater noch einen letzten Versuch, als der trotzige Junge von dem älteren Bruder des Entschwundenen ein Fahrrad entleihen wollte, um zu dringlichem Geschäft über Land zu fahren. Es wurde ihm direkt gesagt: „Du bekommst das Rad nur dann, wenn du sagst, mit wem Robert am 26. April im Zirkus gewesen ist." Nun endlich kam die Antwort: „Es war ein Kriminalbeamter vom Bahnhof." Der Junge hatte ehern geschwiegen, weil auch er selber von Haarmann angesprochen, geschlechtlich mißbraucht und später sogar an homosexuelle „Herren der Gesellschaft" verkuppelt worden war. So war denn nun zu dem Schädelfund das *zweite* Indizium hinzugekommen und das *dritte* war da, als auch Kleidungsstücke des Vermißten unter Haarmanns Sachen gefunden wurden. Dennoch wollte Haarmann sich zu keinem Geständnis bequemen. Da aber geschah folgendes. Die Eltern Witzel sitzen wartend, zusammen mit dem jungen Kahlmeyer, vor einer Türe im Polizeivorsteheramt, um noch einmal ihre Vermutungen dem Polizeikommissar Retz vorzutragen, plötzlich geht an ihnen eine kleine spitzmausige Frauensperson mit einem jungen etwa 18jährigen Mann vorüber und die Mutter, erschrocken nach dem Arm des Vaters greifend, ruft: „Der junge Mann trägt den Rock unseres Robert." Die Frauensperson und der Jüngling verschwinden, als sie merken, daß man auf sie aufmerksam ist. Aber die Eltern eilen mit einem Kriminalbeamten hinterher, holen sie ein und fragen nach der Herkunft der Kleider. Statt einer Antwort fragt der junge Mann zurück: „Heißen Sie etwa Witzel?" Eine Ausweiskarte auf diesen Namen hat in der zu seinem Rock zugehörigen Hose gesteckt, der Anzug kam von Haarmann. Die Frauensperson ist die Engel, die Wirtin Haarmanns, die sich zufällig gerade auf dem Präsidium nach Haarmanns Militärrente erkundigen wollte. Die sämtlichen Indizien wurden nun sofort dem Haarmann vor Augen gestellt: Die Eltern, der Schädel, die Kleidungsstücke, der junge Kahlmeyer, die wiedererkannten Kleider, in denen der an Haarmann zurückgegebene und von ihm vernichtete Personalausweis gesteckt hat. Und da nun ein Tatbestand von so viel Seiten belichtet ist, gibt er zum erstenmal, auf Zureden seiner Schwester, die *Möglichkeit* zu, in Geschlechtstollwut junge Leute gewürgt, gebissen und erdrosselt zu haben. Von nun an setzte jene Befragungsmarter ein, die der modernen Strafrechtspflege so wenig ferne steht wie der mittelalterlichen, indem man durch unaufhörliche Verhöre, Entziehen des Schlafes, Schwächung des Organismus durch Abführmittel, oder durch eine „strenge Therapie“ auch den Zähesten und Verstocktesten so mürbe machen kann, daß er schließlich zusammenbricht, wonach man dann ihm Erleichterung, Stärkung, Zuspruch, Ermutigung zuteil werden läßt, im selben Maße, als er „sein Gewissen entlastet“. Nach sieben Tagen brach Haarmann, nachdem er abwechselnd in Tobsucht oder in Weinkrampf verfallen war, endlich verstumpft zusammen und bat, daß man den Pastor Hardelandt, der ihn eingesegnet hatte, herbeiholen möge, damit er diesem eine Beichte mache. Der Geistliche aber konnte in Hinsicht auf seine Amtsschweigepflicht solche Beichte nicht annehmen und so bequemte sich Haarmann schließlich dazu, dem Kriminalkommissar und dem Untersuchungsrichter Schritt für Schritt immer weitere Taten einzugestehen, doch blieb er dabei, daß die im Flusse gefundenen Schädel nicht die seiner Opfer sein könnten, weil er stets seine Schädel ganz klein geschlagen habe; dagegen führte er die Beamten und den Gerichtsarzt zu Stellen des Georgengartens bei Herrenhausen, wo er Leichenteile ins Gebüsch geworfen und Knochen in einen Teich versenkt hatte, zeigte dort auch das Skelett eines jungen Mannes von 16 Jahren, dessen Gelenkflächen noch fettig und schlüpfrig waren, so daß es als Überrest des *letzten* Opfers, des am 15. Juni getöteten Erich de Vries anerkannt werden konnte. Von nun an meldeten sich immer neue Personen, welche Kleidungsstücke oder Fleisch von Haarmann, Grans, der Engel oder der Wegehenkel bezogen hatten, und so konnten immer weitere Mordtaten, die noch uneingestanden waren, dem Mörder sehr *wahrscheinlich* gemacht werden, bis er gar nicht mehr versuchte zu leugnen, sondern seine gewöhnliche Redensart gebrauchte: „Schreiben Sie man dazu.“

Von nun an veränderte sich auch sein Wesen. Der zu Anfang bei all seiner Geschwätzigkeit voller „Verhaltungen“ (Retentionen) sitzende dumpfe Mensch schloß gleichsam Klappe nach Klappe seines Gemütes auf, begann zutunlich, kindlich, ganz aufgetan zu werden, und nur, wenn die Eltern der Gemordeten vor ihm standen, oder sonst etwas Bedrohliches vor ihm aufstieg, oder die Rede kam auf das unmittelbare Durchbeißen der Kehle, oder den dunklen Fleischverkauf, so vereisten sofort wieder die kleinen giftigen Lichter und dummtrotzig, wie maulend oder schmollend, zog er sich wieder in sich zurück. Im allgemeinen aber hatte jedermann das Gefühl, daß dieser Mensch sich wie erlöst fühlte, weil er über die Dunkelheiten und die große Angst seines wirren Trieblebens nun endlich sprechen durfte; ja, es kam etwas wie kindliches Sichaufspielen in seine Berichte, wenn er erzählte, wie er durch so lange Jahre die „Menschheit“ (über die er stets böse sprach) zu täuschen verstanden habe. Bis zum 16. August 1924 hielt man ihn im Gerichtsgefängnis. Dann kam er zur Untersuchung seines Geisteszustandes in die Provinzial-Heil- und Pflegeanstalt nach Göttingen. Die Untersuchung durch den Geheimrat Prof. Schultze wurde abgeschlossen am 25. September 1924. Er kam dann ins Gerichtsgefängnis zurück, um auch dort noch längere Zeit beobachtet zu werden. Am 4. Dezember begann die Verhandlung vor dem Schwurgericht in Hannover. Die Akten umfaßten 60 Bände. Auf die aus Haarmann herausgenötigten Angaben hin war inzwischen auch Hans Grans am 8. Juli verhaftet worden. Die beiden hatten einige Male Gelegenheit, sich vor der Verhandlung zu sehen, wobei Haarmann beunruhigt, Grans dagegen ruhig ablehnend und sehr kalt erschien. Grans wurde beschuldigt, nicht nur um die Morde des anderen gewußt zu haben, sondern in mindestens zwei Fällen ihm die Opfer zugeführt oder zu ihrer Tötung suggestiv angetrieben zu haben, weil er die Kleider der Gemordeten für sich selber begehrte.

Zweiter Teil

Der Prozess

Das Gericht

Das Gerichtsgebäude in Hannover, um 1880 im schlechten Geschmack einer falschen Renaissance gebaut, hat einen altmodischen, etwa hundertfünfzig Personen fassenden Saal. Er ist überdeckt mit einem Glasdach, das die Gesichter in mattes Geisterlicht taucht. Am Nordende sitzt das Publikum, an jedem Tage achtzig Personen, zumeist Angehörige der Gerichtsherren oder Neugierige, die ihre Zutrittskarten mühsam nach stundenlangem Stehen erbeten oder sich teuer gekauft haben. Vor der Schranke, die das Publikum abscheidet, stehen einige Bänke für die Zeugen und bevorzugte Sitze für Vertreter der Behörden; den Oberpräsidenten Noske, den Regierungspräsidenten v. Velsen, den Polizeipräsidenten v. Beckerath, den Vertreter des Justizministeriums Dr. Weiß, einige Vertreter der Jugendfürsorge, der Ärzteschaft, der Polizei. Am Südende des Saales auf erhöhter Empore thront das Gericht. In der Mitte des langen Tisches der Präsident, Landgerichtsdirektor Dr. Bökelmann, am rechten Ende des langen Tisches der Oberstaatsanwalt Dr. Wilde. Daneben der zweite Staatsanwalt Robert Wagenschieffer. Dann zwei beisitzende Richter, Landgerichtsräte Harten und Kleineberg. Am linken Ende sitzt der Ersatzstaatsanwalt Jasching und der Protokollführer Hoßfeld. Eingerahmt von diesen Justizpersonen sitzen hinter dem grünen Tische sechs Geschworene und zwei Ergänzungsgeschworene. Die Geschworenen sind: Landwirt Wesche aus Hüpede, Zimmermann Harse aus Bodenwerder, Schneider Untorf aus Pyrmont, Schmied Heise aus Engelbostel, Postassistent Ahrens aus Holzhausen, Korbmacher Ackmann aus Kreiensen. Links an der Fensterseite des Saales ist die Anklagebank. Neben und zwischen den beiden Angeklagten sitzen zwei Sicherheitspolizisten und ein Kriminalassistent. Vor der Anklagebank haben ihren Platz die zwei Offizialverteidiger: Justizrat Benfey für Haarmann, Rechtsanwalt Lotze für Grans. Neben ihnen fünf Sachverständige: zwei Gerichtschemiker namens Lochte und Feise aus Göttingen, sowie als psychologische Gutachter: Geheimrat Schultze aus Göttingen, Gerichtsmedizinalrat und Polizeiarzt Schackwitz und der Gefängnisarzt, Gerichtsmedizinalrat Brandt. Gegenüber an der Türseite des Saales sitzen 21 „Herren von der Presse", neun als Vertreter der in Hannover erscheinenden Lokalblätter, fünf als Vertreter von Telegraphenbüros, ferner drei Berichterstatter von außerhannoverschen Zeitungen, ein amerikanischer und ein französischer Berichterstatter, dazu vier Zeichner.

Es ist ein Provinzgericht, darin weder hervorragende Strafrechtler, noch tiefblickende Seelenforscher, noch auch bedeutende Schriftsteller vertreten sind. Der Gerichtshof hat die Aufgabe, einen für ganz Europa beunruhigenden Kriminalfall *„ohne öffentliches Ärgernis gemäß § 263 der Reichsstrafprozeßordnung unter Vermeidung der Bloßstellung von Ämtern und Behörden innerhalb 12-14 Verhandlungstagen rasch zu erledigen*". Für diese Aufgabe erscheint der Vorsitzende als der rechte Mann: kurzangebunden, gradlinig, grobdrähtig, eng und bestimmt. Man könnte ihn mit Fritz Reuter etwa so charakterisieren: „Hei was so en lütten smuken korten aewer bostigen Staemling, wat *bölken* daut as en Feldweiwel un forsch die Justiz exerziert; aewer von dat lise Sinieren und dat Sick-inwenig-bekieken, dadervon deiht hei nichts verstahn so'n priken Kirl." – Besinnlicher, durchgeistigter, auch „besser im Bilde" erschien der Oberstaatsanwalt, ein müder Aristokratentyp; vielleicht von menschlicher Feinheit, aber so frei von der schönen Fähigkeit des fanatischen Rechtsethos, daß man aufstöhnen mochte mit Zarathustra: „O, ich wollte doch,

Ihr hättet einen *Wahnsinn,* womit Ihr geimpft wäret. Und ich wollte *Euer* Wahnsinn hieße: die Wahrheit oder die Gerechtigkeit!" – Minder bedeutsam: der zweite Staatsanwalt, ein kulörbrüderlicher sympathischer, ehrenfester Mann, der schlechtes Juristendeutsch redet. Die Beisitzenden würdig-ernst, aber ohne die Möglichkeit, während der ganzen Verhandlungen auch nur ein Sterbenswörtchen zu entäußern. Vollends nur Tapetenfiguren: die Geschworenen. Unglücklich in ihren Stühlen dahindämmernd und vollkommen unfähig, auch nur einen einzigen Fall klar zu durchdringen oder bewußt vor der Fantasie aufzubauen. Immerhin war dieser Gerichtshof bedeutend zu nennen im Vergleich zu der völlig unfähigen Verteidigung, mit welcher die beiden Angeklagten eigentlich vorweg *bestraft* wurden. Da sie nämlich kein Geld hatten, um sich ernsthafte Verteidiger kommen zu lassen, so mußte von Amts wegen jedem ein Offizialverteidiger bestellt werden. Zwar hatte ein bedeutender Berliner Kriminalist sich zur kostenlosen Verteidigung des Werwolfs erboten, aber es war dem Haarmann, der eine beständige Angst vor „Kommunisten" hat, eingeredet, sein Berliner Anwalt stünde mit den „Kommunisten" in Verbindung. (Die Reichstagsabgeordneten Katz und Gohr behaupteten, daß Haarmann auch als *politischer Spitzel* gegen ihre Partei in den Revolutionstagen verwendet worden sei. Sollte das wahr sein, so wäre seine ewige Angst vor „Kommunisten" psychologisch erklärlicher.) Er hatte im letzten Augenblick darum gebeten, man möge ihm statt des „Berliner Kommunisten" doch einen beliebigen Offizialverteidiger stellen. Nachdem zwei jüngere Anwälte die schwere, heikle Aufgabe abgelehnt hatten, war die Wahl auf einen Rechtsanwalt und Notar gefallen, der in zahllosen kleinen, provinziellen Mikkerprozessen alt und grau geworden, nicht die mindeste Möglichkeit besaß, eine der schwierigsten Aufgaben des Strafrechts (das dankbare Sprungbrett für ein starkes kriminalistisches Talent) auch nur zu sehen, geschweige denn sachlich auszuwerten. Eine „Verteidigung" Haarmanns war eben nur möglich, wenn sein Anwalt entweder mit durchdringender Menschenkenntnis die Notwendigkeit und Unentrinnbarkeit eines zwangssüchtigen Triebirrsinns klarmachte oder wenn er die „Schuld" auf Umwelt, Zeit, Verrottung der Zustände abwälzend, zum flammenden *Ankläger* von Polizei und Sittlichkeit der Stadt Hannover, ja, zum Richter einer ganzen Kultur wurde. Beides war bei diesem Anwalt unmöglich: Ethos wie Psychologie! Da der zu Anfang vorgesehene Berliner Strafrechtler, als Gegengewicht gegen die Gerichtsexpertise, auch für die Verteidigung einen Psychologen hinzuziehen wollte und mich selber zum Begutachter gewünscht hatte, so regte ich auch bei Haarmanns Offizialverteidiger die Möglichkeit an, psychoanalytische, charakterologische, phänomenologische Aufklärungen zu versuchen, und um nicht selber bemüht zu scheinen, schlug ich, während ich es vorzog, als Vertreter einiger führender Zeitungen der Verhandlung beizuwohnen, die folgenden Männer vor: Ludwig Klages (als bedeutendsten Sohn der Stadt), Alfred Döblin, Sigmund Freud, Alfred Adler, Hans v. Hattingberg; worauf die allessagende schriftliche Antwort kam: „Ich wüßte nicht, was man Psychologisches fragen sollte.“ – War somit für seelenkundliche Durchdringung des Falles keinerlei Hoffnung gegeben, so hätte vielleicht doch ein starkes sachliches Ethos manches klären können. Aber Haarmanns Anwalt (alter Verbindungsstudent, Vertrauensmann der Nationalliberalen und Anwärter auf einen Bürgervorstehersitz) nutzte kleinstädtisch die Gelegenheit, um gleichsam als der dritte Staatsanwalt seinen Klienten *anzuklagen*, vor den lokalen Behörden sich nützlich zu erweisen, ja in kirchturmpolitischen Tiraden das „wilhelminische und bismarckische Zeitalter“ auszuspielen gegen „die Republik, die solche Unholde wie den Haarmann gebar“. Vor solcher geschmacklosen Kleinstadt-Optik schützte den Verteidiger des Grans, einen Enkel des Philosophen Lotze, eine gewisse juristische Nüchternheit; doch fehlte auch ihm jede forensische Begabung, jedes psychologische Interesse und jede logische Schärfe; ein lieber Mensch am Stammtisch, war er in diesem mächtigsten Kriminalfall unserer Tage hilflos und zugleich doch anmaßlich.

Trostloser noch als dieser Mangel an Größe und Weitsichtigkeit auf Seiten der Juristen war das fast vollständige Fehlen selbständiger und starker Köpfe unter den Hörern und Berichterstattern. Man war mit der Zulassung von „Schriftstellern“ sehr vorsichtig gewesen, denn man wünschte vieles zu *verhüllen;* vor allem wurde von der ersten Stunde an aufs kräftigste betont, daß das Hereinziehen von Verfehlungen der Polizei und der Behörde gemäß § 263 verboten sei; daher wurde jedem Zeugen und auch den Eltern der Getöteten sofort das Wort entzogen, sobald sie auf *dieses* Thema zu sprechen kamen; man fürchtete eben den „öffentlichen Skandal“, und wünschte keine Störung durch die Menschenmassen, die durch ein Polizeiaufgebot vom Gerichtsgebäude abgehalten, ohnehin durch die mit dem Prozeß zusammenfallenden Reichstagswahlkämpfe aufgeregt, draußen in den Straßen lungerten. So hatte man denn eigentlich nur die unverfänglichen Zeilenschreiber der kleinen Lokalpresse oder die Telephonreporter der großen Agenturen im Saal. Von unabhängigen Schriftstellern war nur zweien der Zutritt gelungen, weil man einem Wunsche des Justizministeriums sich fügen *mußte:* dem

Sexualforscher Magnus Hirschfeld und dem Kriminalforscher Hans Hyan. – Unter den Gutachtern ragte der Göttinger Professor der Psychiatrie, Schultze, hervor, ein väterlich wohlwollendes, unendlich gütiges Gesicht; ein Mann, der mit Bienenfleiß jedes Wort des Haarmann in einem riesigen Aktenberge aufbewahrt hatte, welcher Aktenberg dann schließlich folgendes Mäuslein gebar: 1. der Angeklagte ist abnorm und minderwertig, 2. der § 51 (welcher Unzurechnungsfähigkeit bei Begehung der Tat voraussetzt) trifft nicht zu. – Hier zeigte sich einmal klar die ganze Hilflosigkeit unserer auf „Bewußtseinstatsachen" ausgehenden Medizinerpsychologie angesichts des vorbewußt flutenden Elements atavistischer Triebuntergründe, denn „abnorm" nennt diese Art Psychologie den Goethe so gut wie den Haarmann, den Strindberg so gut wie den Frauenmörder Großmann; „minderwertig" aber ist der Mensch vom Standpunkt des Affen ebensowohl, wie der Affe vom Standpunkt des Menschen. Bezüglich des § 51 aber (welcher vorsintflutliche Begriffe über Willensfreiheit, Verantwortlichkeit, Zurechnungsfähigkeit voraussetzt) hätte im Fall Haarmann jeder ehrliche Psychologe eben erklären müssen: Uns zu fragen, ob § 51 anwendbar sei oder nicht, hat genau so viel Sinn, als wenn man uns fragt: „Soll Wasser nach Metern oder nach Quadratruten gemessen werden?" Hier ist uns eine *Norm* vorgeschrieben, *die auf diesen Fall nicht anwendbar ist.* – Eine Ahnung davon mochte den zweiten Sachverständigen Alex Schackwitz anwandeln, einen jungenhaft frischen, anstelligen, aufnahmefähigen, offenen und prächtigen Menschen; „smart matter of fact man"; „Forscher Wirklichkeitsmann", aber eben darum ohne jede Ehrfurcht, nein, ohne jede *Ahnung* für jenes Stückchen Träumer- oder Dichtertum, ohne welches man die Wahrheit hinter aller Wirklichkeit doch niemals zu erfühlen vermag. (Denn Wirklichkeitstatsachen als solche sind *gar nichts!* Der Psychologe muß den Menschen besser kennen als dieser sich selber zu kennen vermöchte.) – Vollends der *dritte* Sachverständige war nichts, als Seelenergründer nach dem Herzen von: „Hofmann: Wie ermittelt der Kriminalpsychologe Blutflecken?" – War nun aber weder die *Psychologie* noch auch das *Ethos* der eigentliche *Sinn* dieses Kriminalverfahrens, so konnte man fragen: „Wozu überhaupt der ganze weitläufige Aufwand?" – Er kostete den Staat mehrere hunderttausend Mark. Der Ausgang: Todesstrafe war ohnehin sicher. Ob ein Mörder zwanzigmal oder zehnmal zum Tode verurteilt wird, kann gleichgültig sein. Man mußte sich von vornherein eingestehen, daß eine gleichsam das Weltgewissen befriedigende Auflösung des ungeheuren Falles nicht möglich war. Nur zweierlei konnte versöhnen: das Sittlichste oder das Natürlichste: *Selbstmord* (als

Selbstrichtertum eines Sühnewilligen, der an menschlicher Gemeinschaft Ungeheuerliches frevelte), oder – schnelle Lynchjustiz von seiten des beleidigten Lebens.

> . . . „Hoffnungslos! Auch der Weiseste *muß* ein Fehlurteil fällen im Gerichtssaal, das heißt eingesperrt in einen Ring aus Gefriersitzfleisch. Draußen im Leben kann man sich richtig oder falsch entscheiden, einmal so, einmal so, aber das ganze Jus besteht doch eben darin, die ganze Frage so zu formulieren, daß es gar keine richtige Entscheidung geben *kann*.
>
> Wie ich handeln würde?
>
> Den dreißig Müttern der zerfleischten Knaben die Möglichkeit geben, durch die Schranken zu brechen und den Haarmann zu zerfleischen. Das wäre lebendige Gerechtigkeit. Von Flammen verzehrt, in den Flammen vergehen, die man nicht zu beherrschen vermocht. Denn das Leben schlägt zurück, wenn man hineinschlägt, ganz gleich ob man dabei zurechnungsfähig war, oder etwa sich selber gebessert hat. Und das ist schön. Und das ist wahr. Und darum nichts für Wehleidige. Aber der ekelhafte Mumpitz des Todes*urteils* in der feigen Anonymität der beleidigten Gesellschaft ist ein trostloser Unfug“ . . .

Mit diesen Worten ermutigte mich in den schweren Tagen des Prozesses einer der besten Seelenerforscher unserer Tage.

Die Anklage

Der Eröffnungsbeschluß ward verlesen. Dem Händler Fritz Haarmann wird zur Last gelegt, die folgenden Personen vorsätzlich und mit Überlegung getötet zu haben:

1. Etwa September 1918 den Schüler Fritz Rothe.

2. Etwa Februar 1923 den Lehrling Fritz Franke.
3. Etwa März 1923 den Lehrling Wilhelm Schulze.
4. Etwa Mai 1923 den Schüler Roland Huch.
5. Etwa Mai 1923 den Arbeiter Hans Sonnenfeld.
6. Etwa Juni 1923 den Schüler Ernst Ehrenberg.
7. Etwa August 1923 den Bürogehilfen Heinrich Struß.
8. Etwa September 1923 den Lehrling Paul Bronischewski.
9. Etwa Oktober 1923 den Arbeiter Richard Gräf.
10. Etwa Oktober 1923 den Lehrling Wilhelm Erdner.
11. Etwa Oktober 1923 den Arbeiter Hermann Wolf.
12. Etwa Oktober 1923 den Schüler Heinz Brinkmann.
13. Etwa November 1923 den Zimmermann Adolf Hannappel.
14. Etwa Dezember 1923 den Arbeiter Adolf Hennies.
15. Etwa Januar 1924 den Schlosser Ernst Spicker.
16. Etwa Januar 1924 den Arbeiter Heinrich Koch.
17. Etwa Februar 1924 den Arbeiter Willi Senger.
18. Etwa Februar 1924 den Lehrling Hermann Speichert.
19. Etwa April 1924 den Lehrling Alfred Hogrefe.
20. Etwa April 1924 den Arbeiter Hermann Bock.
21. April 1924 den Lehrling Wilhelm Apel.
22. Ende April 1924 den Lehrling Robert Witzel.
23. Mai 1924 den Lehrling Heinz Martin.
24. Etwa Mai 1924 den Reisenden Fritz Wittig.
25. Etwa Mai 1924 den Schüler Friedrich Abeling.
26. Etwa Juni 1924 den Lehrling Friedrich Koch.
27. Juni 1924 den Bäckergesellen Erich de Vries.

Es sind 147 Anzeigen eingelaufen. In 38 Fällen ist nachgewiesen, daß die Vermißten noch leben. In 114, daß Haarmann nicht als Täter in Betracht kommt. Es bleiben also: 30 Fälle. Davon können 27 Morde *bewiesen* und drei weitere (nicht mit zur Anklage gestellte) Fälle überführt werden.

Gegen Hans Grans, geboren am 7. Juli 1901 in Hannover, wird die Anklage erhoben wegen Anstiftung zum Mord in zwei Fällen und eine zweite (später fallengelassene) Anklage wegen gewerbsmäßiger Hehlerei.

Die beiden Angeklagten

„Ein schwanzloser Raubaffe, welcher auf Hinterfüßen geht, in Rudeln lebt, alles frißt, ein ruheloses Herz hat, aber durch seinen Geist verlogen ist. Diebisch, geil und händelsüchtig, dabei fähig zu vielen Fertigkeiten. Der Feind aller übrigen Erdgeschöpfe und doch der schlimmste Feind seiner selbst.“ („Simia homo sine cauda, pedibus posticis ambulans, gregarius, omnivorus, inquietus cordis, mendax mentis. Furax, salex, pugnax at artium variarum capax. Animalium reliquorum terrae hostis, sui ipsius inimicus teterrimus.“) – Dies ist die älteste Beschreibung des Urmenschen. – Eigenbezüglich und hörig, feige und wildverwegen, brutal und sentimentalisch, vor allem eitel und geil – so stellte sich Haarmann uns dar: Ein *fließendes* Element, darin gespielte und wirkliche Kindischkeit, gespielter und wirklicher Schwachsinn wunderlich einander überdeckten. Ganz auf Hunger und Wollust gestellt, „ausgeschämt“ in jedem Sinn, ist er doch ein Stück unmittelbare, auch noch in seiner Schauspielerei völlig naive Urnatur, an keinerlei *Rechenschaft* über sich selber gewöhnt. Wenn das Paragraphen-Deutsch der Juristen, die verwickelte Heuchelei der Ämter und die hinter Wissenschaft, Moral oder Amtspflicht versteckte Eitelkeit der „bürgerlichen Gesellschaft“, wenn alle diese vielen Lebenslügen all der “Bildungs- und Kulturmenschen“ sich selbstgerecht-ahnungslos ausgesprochen hatten, dann wirkte es fast erquickend und befreiend, diesen Haarmann naiv flunkern und Dichtung und Wirklichkeit untermischen zu hören. Und man empfand: die Wahrheitsmenschen *lügen*. Dieser Erzschauspieler ist wahr! Er hat keinerlei Grauen vor dem, wovor jedem dieser Kulturmenschen graut, vor Tod, Leichen, Moder. Aber bei einem Gewitter verkriecht er sich doch wie das Tier, zittert und beginnt ohne Glauben Gott anzubetteln. Zuweilen brachen kindliche Züge von Sympathie hervor. Als mitten im Tage die Lichter im Saale angezündet werden, sagt er ganz wie ein Kind leise zu sich selber: „Grad wie der Tannenbaum“; als der alte Geheimrat Schultze, der ihn unausgesetzt beobachtet, müde gähnt, sagt er (gerade wie wenn er auf den Professor, und nicht dieser auf ihn achtzugeben hätte): „Na, können Sie auch noch, Herr Professor?“ und zum Gerichtshof gewandt, fügt er entschuldigend hinzu: „Er ist nämlich grad krank gewesen.“ Zu den Journalisten sagt er mahnend: „Ihr müßt aber nicht lügen, ihr lügt ja doch alles“, und zu den Geschworenen: „Macht's kurz, Weihnachten will ich im Himmel sein bei Muttern.“ – Als meine Berichte, die die Schuld der Polizei und die Mängel der Expertise aufklären, dem Gerichtshof unbequem zu werden beginnen und der immer nervöser werdende Vorsitzende (wie man denn überhaupt den Haarmann stets zur Entlastung der Polizeibehörde aussagen ließ) ihm meine Behauptungen vorhält und fragt, ob sie *richtig* seien, da ruft er laut: „Das lügt der Kerl alles", fügt aber leise zu mir gewandt hinzu: „Nächstens wirst du noch sagen, die Leute auf der Polizei seien meine besten Freunde"; dabei zwinkert er schlau mit den Äuglein, als ob er sich über alles lustig mache. – Ganz entgegengesetzt zeigt sich der junge Hans Grans, so zäh wie zart, so unzerbrechlich wie mädchenhaft; immer gleichmäßig überlegen und überlegend, zuvorkommend, liebenswürdig, in der Lage eines Fuchses, der in äußerster Todesnot alle Aufmerksamkeit überwach sammelt und jede Lücke erspäht, durch die er der teuflischen Falle entschlüpfen kann. Mit einem langen Bleistift oder mit dem dozierenden Zeigefinger der Rechten zeichnet er Konturen von Beweisen in die Luft, beantragt scharf advokatorisch sehr zarte Fragestellungen, deren Zweck im Sinne seines fest aufgebauten Verteidigungssystems er nur selber kennt. Er friert weit mehr als Haarmann in einer ungeheuren Einsamkeit. Er ist schuldlos und dennoch gefährlicher. Denn er ist, obwohl viel sensitiver, nicht wie Haarmann eine Angst- und Defensivnatur. Auf Haarmanns Natur spielen in jedem Augenblick unbezwingliche dämonische Mächte: das Minderwertigkeitsgefühl eines lang Unterdrückten, Besudelten, Entgleisten, oft Gehänselten hält sich schadlos an dunklen Triebräuschen. Und er treibt gern auch sein diabolisches Spiel mit den Zeugen (seinen Hehlern und Hehlerinnen), von denen er etwas weiß und die von ihm etwas wissen. Er zeigt allen die Pranken: „Ich lasse euch vor dem Tode hoppsgehen. Der Zeuge ist frech. Er muß noch eins auf den Detz kriegen." – Dagegen Grans ist zu egoistisch selbst für Liebe und Rache. Er kennt keinen Affekt. Nur: kluge Selbsterhaltung. „Was ich getan habe, ist gleich, was ihr *beweisen* könnt, steht hier in Frage." Ich hätte nicht geglaubt, daß grauses Fehlurteil ihn zum Tode verurteilen könne. Als ich den Eltern sagte: „Lassen Sie Ihr Kind im Zuchthaus nicht im Stich", da erwiderte der Vater: „Wüßt ich, daß er das getan hat, was man ihm schuld gibt, so ginge ich selber hin und zeigte ihn an", und die Mutter: „Kommt er ins Gefängnis, so nehmen wir ihn wieder auf, kommt er ins Zuchthaus, so müssen wir uns lossagen, denn dann fällt Schmach auf die Familie." – Wie ist das Gefühlsverhältnis der beiden? Sie sind zwei Rücken an Rücken geschmiedete Galeerensträflinge, wobei der Junge nicht einmal Haß und Ekel aufbringt, sondern nur dieses Zusammengeschmiedetsein überwinden möchte, indem er gegen jede Berührung des anderen Leibes empfindungsstarr vereist. Darum war es ihm auch gar nicht möglich, sein Verteidigungssystem auf

„Gefühl" aufzubauen, was ihm *sicher das Leben gerettet hätte*. Denn der andere lauert auf jedes freundliche Wort und wirbt auch noch mit seiner Rachsucht. Ja, er würde alles, womit er den ehemals Geliebten schlau belastet, im Nu widerrufen, falls dieser es nur *vermöchte*, Worte des Mitleids oder auch nur der Dankbarkeit für ihn zu finden. Gerade aber weil in dem Jungen nur der *eine* Trieb lebt, loszukommen vom Festgeschmiedetsein an dieser schon halb erkalteten Leiche, ist in Haarmann nur noch der *eine* Wunsch: den gehaßtesten, weil liebsten *mit* hinabzureißen ins dunkle Land. Das legt er aber so verschlagen an, daß außer Grans keiner das fühlt. Er spricht immer mit Zuneigung. Er redet tagelang nur von „Hans" (während dieser immer sagt „Herr Haarmann" oder „der Angeklagte Haarmann"), droht dabei aber unterirdisch, bettelt wieder um Gemeinschaft und bricht schließlich aus in folgende, scheinbar erst durch die kalte Verachtung des anderen heraufbeschworene, in Wahrheit lang vorbereitete *Beschuldigung:* "Grans hat mir nicht nur die Knaben zugetrieben, damit ich sie töte. Grans hat nicht nur durch alle möglichen Künste mich geil gemacht und die Knaben angelernt, wie sie mich wild machen konnten. Grans hat nicht nur berechnend meine Raserei ausgebeutet und mich tagelang bearbeitet, Knaben zu töten, deren *Hose* er gern haben wollte. Grans hat *selber* gemordet! Schlimmer als ich. Grans und sein Freund Wittkowski haben den 17jährigen Adolf Hennies, mit dem sie Zank wegen Weibergeschichten hatten, in mein Zimmer gelockt und ihn dort ermeuchelt. Dann haben sie die Kleider genommen und hohnlachend, als ich nach Hause kam, mir die Leiche gewiesen: Das ist einer von den *deinen*. – Ich habe geweint und gebettelt: Nehmt die Leiche fort. Sie hat am Halse keine Saugflecken, das *kann* nicht einer von den *meinen* sein. Aber sie haben mir den Toten unterschoben, sind auf und davon und ich mußte den Körper zerlegen und fortschaffen." – Auf diese ungeheuerliche Anschuldigung (das Gericht *glaubte* sie) hatte Haarmanns Teufelsrachsucht Tage lang hingearbeitet. Mit treuherzigster Überzeugtheit, mit naiver Eindringlichkeit. Als sie heraus war und das Ziel, nicht einsam in den Tod zu müssen, erreicht war, da wurden die Aussagen gegen Grans schon bedenklich flauer, und er zuckte wieder zurück, sobald es dem anderen gelang, auch nur *ein* freundlicher klingendes Wort sich abzunötigen. (Der mitbeschuldigte Wittkowski stellte, sowie er von dieser Beschuldigung hörte, sich sofort freiwillig dem Gericht.) So flutete tagelang die kaum noch empfindbare, ganz dumpf vorbewußte Gefühlsunterströmung, von Haarmanns verdrängter Sexualrache ausgehend, an den starren Eispanzer des qualvoll wachbewußten Grans. Und doch wurde auch dies klar: Die arme Undine war nicht *nur* Lebensschmarotzer, nicht *nur* Gefühlsparasit auf fremdem Irrsinn ... Gesetzt, ich weiß von dem einzigen Menschen, der mir so etwas wie Väterlichkeit, Zuflucht, Liebe bot, oder wie man dies *Dumpfe* nennen will, etwas Schreckliches, ahne das *Aller*schrecklichste und ich schweige ehern und liefere ihn nicht dem Staate ans Messer, muß das *nur* eine Niedertracht sein? Hier steckte etwas von Ethik und Charakter, ja, hier lag „Größe". Wenn die Gemeinschaft und ihre Behörden blind sind, wenn sie Armut, Laster, Selbstfeilbietung, Verbrechen nicht bewältigen können, oft vielleicht selber fördern helfen, soll dann ich, der Zwanzigjährige, Ausgestoßene und Abgedrängte der einzige sein, welcher alles sieht und alles *sagt*, was er sieht? Grans ging im Bahnhof unter den Augen von drei Polizeibehörden dem Handel nach mit den Kleidern Ermordeter. Er trug dabei auf seinem eigenen Leibe: den Mantel des gemordeten Hennies, den Rock des gemordeten Wittig, die Breecheshose des gemordeten Hannappel, das Hemd des gemordeten Spieker. – Hat die Polizei nichts davon gesehen, so muß man auch diesem Indentaglebenden glauben, daß er sich „nichts dabei gedacht" hat. Sein Gefühl zu Haarmann war keineswegs so einfach, daß er *nur* Fuchs war, der auf Beutespuren des Wolfes lebt. Ja, es ist möglich, daß selbst der Schlechteste seine Scham zeigt gerade darin, daß er sich noch schlechter stellt, als er *ist*. Wenn die Dirnen kamen, die der junge Grans für sich „arbeiten" ließ und denen er zu imponieren wünschte, so kehrte er stets hervor, wie Haarmann unter seiner „Geschlechtshörigkeit" stünde, schlang etwa die Arme um den Rabiaten, der dann sofort gefügig wurde und tuschelte dabei heimlich dem schönen Dörchen ins Ohr: „Den Haarmann treck ik blot ute." Und doch war ganz gewiß nicht nur der 45jährige der Geschobene, sondern auch der 20jährige nahm die Verderbtheit des anderen auf in *seinen* Willen, und wenn den Haarmann an Grans band die Liebe des alten Wolfes zum jungen Fuchs, so band den Grans an Haarmann nicht nur die Dankbarkeit des Schmarotzertieres zu seinem Wirt, sondern auch mitleidiges Gewährenlassen: „Er liebt mich ja. Was wäre er *ohne* mich?"

Die Zeugen

Ungefähr 200 Zeugen traten in diesem Prozeß auf. Versuchen wir, sie grob zu klassifizieren. Da erscheint zunächst das wimmelnde Jungvolk von Buhljungen, Hehlern, Zuhältern und Dirnen; aus der Fürsorge entlaufen, aus liebeleeren oder allzu elenden Elternhäusern gestoßen, bald *duldend* verkommen, bald *aktiv* verkommen. Unter ihnen ist am stärksten vertreten: die Gruppe der *Phantasiezeugen*. Junge Leute, die Zeitungen gelesen haben und deren Nik-Carter-Phantasie erfüllt ist von Mordbeilen, Leichenteilen und verzehrtem Menschenfleisch. Zwei kommen und sagen aus von komplizierten Fesselungen, sadistischen Geißelungen und Martern, die Haarmann an ihnen vorgenommen hat. Ein Arbeiter ist von Grans zum Wein eingeladen und behauptet, er sei fast davon gestorben, weil Grans ihm heimlich ein Pulver in den Wein geschüttet habe. Ein vierter hat fabelhafte Gespräche über afrikanisches Pfeilgift (Curare) belauscht, ein fünfter irrsinnige Akte der Wollust mit angesehen ... Dieser schlimmen Gruppe verwandt sind die *Eitelkeitszeugen*. Eigentlich ist das, was sie wissen, ein Nichts. Aber sie wollen „auch dabei gewesen sein", sich herausstellen, ihren Scharfblick, ihre Erfahrenheit, ihre Menschenkunde und Gerissenheit leuchten lassen, und so bauschen sie auf und verwirren statt zu klären. Kommen zu dritt: die *schwierigen Zeugen:* Dümmlich-begriffstutzige Jungen, verstockte, stockige Seelen, meistens Lumpen im kleinsten Stil, neben denen Haarmann wie ein Riese dasteht. Sie lassen alle Aussagen tropfenweise aus sich herausziehen, gänzlich einer Richtung ermangelnd und nicht erfassend, was sie sind, wissen und sollen. Daneben dann wieder: *die Ängstlichen:* kleinbürgerliches, notiges Volk, benommen, verprügelt, beklaut, weil jeder aus dem wimmelnden Lumpengesindel irgendeine Schmutzerei kleinsten Formates zu verbergen trachtet und sich zu belasten fürchtet (denn dies Pack begaunert sich gegenseitig und steckt dann doch der *Macht* gegenüber miteinander durch). Sie sind noch jetzt voller Demut vor „Herrn Haarmann", der für sie ein „besserer Herr" und ein „Beamter" ist. Auch viele Gestalten aus vornehmer guter Gesellschaft haften in der Erinnerung. Herren im Gehrock, korrekt und sachlich, gewandt, geschmeidig, einer mit dem anderen vertauschbar. Sie rücken (Mitglieder der „guten Gesellschaft") weit ab von dem wimmelnden Sumpf, denn wenn sie selber etwa mitbelastet scheinen, so rückt Justiz und Gesellschaft sofort von *ihnen* ab. Oberpräsident, Regierungspräsident, Polizeipräsident, die Kommissare -- das sitzt alles da in ledernen Stühlen und sieht dem Schauspiel zuckender Todesnot zu; weit davon entfernt, im Herzen zu sprechen: mea culpa! ...

Kommt ein feines allerliebstes Herrchen in Stiefelettchen und Chemisettchen, macht eine anmutige Verbeugung vor der Bank der Presse und beginnt: „Ich bitte die Herren, meinen Namen nicht ausgeschrieben in die Zeitungen zu bringen, da ich in meiner gegenwärtigen Stellung sonst Schaden haben würde." (Er handelt mit Neppwaren.) Kommt ein anderes Jüngelchen, zerschmettert, zerdrückt, in Sträflingskleidung, denn er sitzt wegen irgendeines

Einbruchdiebstahls und beginnt: „Herr Präsident, ich muß mich weigern, einen Eid zu leisten. Ich bin Anhänger von Darwin und glaube nicht an Gott. Darum kann ich bei *diesem Herrn* nicht schwören." Eine rührende Episode schafft die Vernehmung der „Verlobten" des Grans, Elfriede Zwingmann, eines armen Küchenmädchens in der „Erlanger Bierstube". Sie entlastet unter ihrem Eide, so gut sie es kann, ihren blonden Tunichtgut; jedes Wort weint um Gnade und sie ist so einfältig, daß man wirklich fühlt: diese Apachenbraut hat nie etwas *Böses* gedacht. Haarmann war für sie ein „Kriminalbeamter". Wenn ein solcher Geld nötig hat, dann geht er auf den Bahnhof, wo die Reisenden ankommen, und fragt: „Was haben Sie in Ihrem Koffer?" Kann der Reisende darauf keine gescheite Antwort geben, dann konfisziert der Herr Beamte den Koffer. Die Wäsche und Kleider verkauft er. Davon lebt er. Daher hatte Haarmann immer Geld. Und wenn er dem Hans nichts abgeben wollte, dann hat sie ihre armen sieben Mark Wochenlohn dem Hans gegeben; er war ja wohl untreu, aber immer lieb und gut, und als klar nachgewiesen wird, daß er sie prügelte, da sagt sie bescheiden: „Nur *einmal*, aber das tat nicht weh." Das Gegenstück dazu ist eine *andere* Geliebte des Grans: Dora Mrutzek. Es ist eigentlich nicht zu begreifen, warum sie ihren alten Geliebten geflissentlich belastet – vielleicht dem eifersüchtigen Ehemann zuliebe? Freilich ist sie die einzige aus der von Haarmann eifersüchtig gehaßten Weiberwirtschaft, die mit dem Mörder sich gut verstand. „Herr Haarmann küßte sich mit die Jungens und lebte als Kriminal von seinen Zinsen. Wenn es schwere Arbeit gab, dann ging ich damit zu Herrn Haarmann, und mein Mann (Dörchen hatte außer vielen Liebhabern auch einen Mann) wurde eifersüchtig und wollte mich schlagen. Dann lachte Herr Haarmann und sagte: „Dörchen ich heirate dich"; aber er küßte sich ja doch nur mit die Jungens." Haarmann erwidert das Lob, das sie ihm spendet, indem er erzählt: „Und Sie glauben nicht, was Dörchen *vertragen* kann. Eine Flasche Kognak soff sie in der Teediele ganz allein. Und ward nich dune."

Die Art der Tötung

Der Mörder sagt aus: „Ich habe nicht die Absicht gehabt, die jungen Leute umzubringen. Es ist vorgekommen, daß Knaben immer wiederkamen. Ich habe sie dann vor mir schützen wollen. Ich wußte: Wenn ich wieder meine Tour habe, dann passiert was. Ich habe geweint: „Macht mich nur nicht immer wild." Wenn ich wild wurde, dann biß ich und sog mich fest. Es gibt auch unter den Jungens am Café Kröpcke einige, die gern „dämpfen" und „Luft abstellen". Wir balgten uns manche Stunde lang. Ich bin nur schwer erregbar. In der letzten Zeit wurden es immer mehr. Und ich dachte oft: Gott o Gott, wo soll das hin? Ich habe mich mit ganzem Leibe auf die jungen Leute geworfen. Sie waren durch das Herumtreiben und die Ausschweifungen ermattet. Ich habe ihren Adamsapfel durchbissen, zugleich wohl auch mit den Händen gewürgt und gedrosselt. An der Leiche brach ich zusammen. Ich machte mir dann schwarzen Kaffee. Den Toten legte ich auf den Boden und tat ein Tuch übers Gesicht. Dann sieht er einen nicht so an. Ich öffnete die Bauchhöhle mit zwei Schnitten und tat die Eingeweide in einen Eimer. Ich tunkte ein Tuch in das Blut, das sich in der Bauchhöhle gesammelt hatte und tat dies solange, bis alles Blut aufgetunkt war. Dann erst schnitt ich mit drei Schnitten die Rippen auf nach der Schulter zu, faßte unter die losgetrennten Rippen und drückte solange hoch, bis sie in der Schultergegend knackten. An der Stelle schnitt ich dann durch und tat sie weg. Nun konnte ich Herz, Lunge, Nieren fassen, zerschneiden und in den Eimer tun. Zum Schluß wurden die Beine abgetrennt; dann die Arme. Ich löste das Fleisch von den Knochen und tat es in meine Wachstuchtasche. Das übrige Fleisch kam unters Bett oder in den Verschlag. Um nun alles hinauszubringen, und es ins Klosett oder in die Leine zu werfen, gebrauchte ich fünf oder sechs Gänge. Das Glied schnitt ich ab, nachdem ich Brust und Bauchhöhle gereinigt hatte. Ich zerschnitt es in viele kleine Teile. Ich bin immer mit Grauen an diese Arbeit gegangen und doch war meine Leidenschaft stärker als das Grauen vor der Zerstückelung. Die Köpfe nahm ich zuletzt vor. Mit dem kleinen Küchenmesser schnitt ich die behaarte Kopfhaut ringsherum vom Schädel und zerlegte sie in ganz kleine Streifen und Würfel. Den Schädel legte ich mit der Wangenfläche auf eine Bastmatte und deckte Lumpen darüber, um die Klopftöne abzuschwächen. Ich schlug mit der scharfen Seite eines Beiles, den Schädel immer herumdrehend, die Nähte auseinander. Das Gehirn kam in den Eimer; die kleingeschlagenen Knochen warf ich in die Leine; gegenüber dem Schloß. Oder ich ging in die Eilenriede, dort wo es sumpfig ist, warf die Stücke heimlich vor mich hin und trat sie in den Sumpf. Nur wenn ich eine Leiche sehr eilig beseitigen mußte, kann möglicherweise einmal ein Schädel unzerklopft in das Wasser geraten sein. Die Kleider hab ich verschenkt; das meiste an Grans. Aus Liebe. Anderes verkaufte ich an Frau Engel oder an Frau Wegehenkel. Oder ließ es verkaufen.“ – –

Die Anatomen sagen: Es ist möglich, daß Haarmann an jugendlichen Personen durch Druck gegen den Kehlkopf oder durch Biß die über den Kehlkopf und über das obere Ende der Luftröhre verlaufenden Zweige des Vagus und

Glossopharyngeus gepreßt und dadurch eine Atem- und Herzlähmung und somit auch Wehrlosigkeit herbeigeführt hat. Daß durch Zusammenpressen der Nervenstämme oberhalb des Kehlkopfs der Mensch leicht wehrlos zu machen ist, gilt als eine Hauptregel des japanischen Jiu-Jitsu. Man hat ihn leider nicht das Experiment an einem Tiere vormachen lassen. Es besteht auch die entfernte Möglichkeit, daß er gelegentlich die Halsschlagader (Carotis) ansog und das warme Blut eintrank, wodurch das Fehlen von Blutflecken erklärt wäre. Es gehörte übrigens auch zu seinen perversen Leidenschaften, das Geschlechtsglied in den Mund zu nehmen und daran zu beißen. Im allgemeinen dürfte er die ermattet Schlafenden erdrosselt haben. Es ist möglich, daß er das Fleisch des einen einem anderen vorgesetzt hat. Obwohl feststeht, daß er, einmal ans Töten gewöhnt, nicht immer nur im Liebesrausch, sondern auch aus *anderen* Motiven als aus geschlechtlichen getötet hat, so ist doch im allgemeinen richtig, daß er *nicht* nach Zweck und Nutzen fragte, sondern von Schönheit und Sinnlichkeit getrieben wurde. Als ihm (seinen zweifellos unwahren Angaben nach) Grans um der Kleider willen den jungen Wittig zuführte, den er seinerseits nicht sinnlich begehrte, soll Grans geäußert haben: „Das kann man doch leichter bei einem, den man *nicht* liebt." – Haarmann sagt belehrend: „Das ist nicht richtig. Man macht das leichter, wenn man *liebt*." Haarmann lügt wo er Grans belastet. Aber er war vielleicht nicht *nur* Schauspieler, als er vor Gericht seine Angstqual herausschrie: „Ich habe Tage, wo jeder Vagabund mich zu jeder Schlechtigkeit leicht bringen kann. Ich sagte nach dem Töten oft: Steckten sie mich doch nur in ein Militärasyl. Aber nur nicht unter Irre. Nur das nicht. Hätte Grans mich geliebt, so hätte er mich auch retten können. Ach, glauben Sie, ich bin gesund. Ich habe nur zuweilen meine Tour. Es ist kein Vergnügen, einen Menschen zu töten. Ich will geköpft werden. Das ist ein Augenblick, dann hab ich Ruh."

27 Mordfälle

1. Friedel Rothe, geboren 17. Juli 1901, verschwunden 25. September 1918

Es war 1918 in der Elendszeit, wo wir Deutschen nichts zu essen hatten. Der Gastwirt und Hausbesitzer Oswald Rothe stand im Felde. Seine allzu gute Frau konnte mit dem wilden Friedel allein schlecht fertig werden. Friedel sollte das Einjährigen-Examen machen, aber bummelte, rauchte, naschte. Er verkaufte, um

Geld zu haben, heimlich Vaters Zivilkleider. Als der Junge „am Sonnabend vor Markt Wichse besah", lief er fort, wurde zwar am gleichen Tage noch gesehen, wie er Bucheckern suchte in der Eilenriede. Aber erst nach zwei Tagen erhielt die geängstigte Mutter eine Postkarte folgenden Inhalts: „Liebe Mutter, bin nun schon zwei Tage fort, komme aber erst dann nach Haus, wenn Du wieder gut bist. Herzlichen Gruß. Dein Sohn Fritz." Am selben Tage kam der Vater aus dem Felde. Beide Eltern stellten sofort die eingehendsten Ermittlungen an. Aber der Sohn, ihr einziges Kind, blieb verschwunden. Nun war aber aus den Freunden des Siebzehnjährigen allmählich allerlei herauszuholen. Da war der vierzehnjährige Paul Montag, ein auffallend hübscher jüdischer Junge mit stahlblauen Augen; da waren ferner die älteren Freunde Hellmut Göde und Hans Bohne. Diese Freunde des Verschwundenen gestanden, daß sie im Café einen „feinen Herrn" kennengelernt hatten, einen Kriminalbeamten, der sie beschenkt, in den Wald geführt und – verführt hatte. Friedel war diesem „feinen Herrn" besonders nahe gekommen. Er hatte seinen Freunden anvertraut: „Ich bin schon in seiner Wohnung gewesen; da amüsieren wir uns und rauchen." Ein andermal: „Gestern wollt ich in seine Wohnung, da lag er mit einer Frau im Bett. Er rief heraus: Kann dir nicht aufmachen; habe Damenbesuch." – Als die Polizei nun nichts herausbekam, beschließen Göde und Bohne, auf eigene Faust nachzuspüren, und es gelang ihnen denn auch, die Wohnung des Unbekannten (Cellerstraße 27) aufzustöbern. Die Eltern machten Anzeige und der Kriminal Brauns bekam den Auftrag, bei dem „feinen Herrn" nach dem Verschwundenen zu forschen. Der Kriminal Brauns überraschte Haarmann nachts und fand ihn in der Tat mit einem schlanken großen Jungen (auch einem Schulfreund des Friedel) nackend im Bett. Der Junge mußte sich anziehen und wurde gefesselt abgeführt. Auch Haarmann wurde abgeführt. Er bekam 9 Monate Gefängnis wegen Verführung der Knaben. Ein Mord war nicht nachzuweisen. Eine genaue Haussuchung wurde freilich nicht vorgenommen. Kriminal Brauns (typischer „Beamter", energiedampfend, in strengem Obrigkeitston) gibt dafür folgende Begründung: „Ich hatte dazu keinen Auftrag." Fünf Jahre später, als die große Mordepidemie einsetzte, kam die Polizei auf den Fall zurück. Und nun gestand Haarmann: „Damals, als der Kriminalbeamte uns verhaftete, steckte der Kopf des ermordeten Knaben unter Zeitungspapier hinterm Ofen. Ich habe ihn später im Stöckener Friedhof verscharrt."

2. Fritz Franke, der Berliner, geboren 31. Oktober 1906, verschwand 12. Februar 1923

Fünf Jahre vergingen. Während ihrer soll (angeblich) keiner getötet worden sein. (Den Mord an dem Schüler Koch I [er hat drei Kochs getötet] hat man nicht mit auf die Anklageliste gesetzt.) Bei der Kriminalpolizei am Waterlooplatz erscheinen zwei Dirnen aus der Altstadt. Es sind Haarmanns Freundinnen: Elli Schulz, ein dickes, rosiges Schweinchen, und Dörchen Mrutzek, eine dünne, lange Stange (die Geliebte des Grans). Sie erzählen eine konfuse Geschichte und bringen zwei Stücke Fleisch mit der Anfrage, ob das wohl Menschenfleisch sein könne. Dörchen berichtet etwa dies: „Vor zwei Tagen haben Elli und ich einen hübschen jungen Mann bei Herrn Haarmann in der Neuen Straße kennengelernt. Er kam aus Berlin und konnte schön Klavier spielen. Wir waren alle bei Haarmann. Auch ein Herr Hans Grans war dabei. Da sagt Haarmann: „Geht man wieder weg. Ich kriege Besuch. Herr Kriminalkommissar Olfermann kommt. Wir haben wichtige Konferenz." Da gingen Grans, Elli und ich hinüber ins „Schützenheim". Da machte der junge Mann aus Berlin Musik. Elli und ich tanzten danach mit Herrn Grans. Als wir dann wieder nach Hause wollen und den jungen Mann bis zu Haarmanns Wohnung begleiten, sagt Herr Grans Elli ins Ohr (in Beziehung auf den fremden jungen Mann): „Du, der wird heute *getrampelt!*" Daran haben wir uns später wieder erinnert. Dann am anderen Morgen geh ich wie gewöhnlich zu Haarmanns Wohnung, Neue Straße 8, das Zimmer reinigen. Haarmann öffnet. Der hübsche, dunkelblonde junge Mann liegt im Bett mit halbentblößtem Oberkörper. Ganz weiß. Ich, zu Tode erschrocken, trete herzu und frage: „Was isser mit?" Haarmann, den jungen Mann zudeckend, flüstert: „Pst, er will schlafen. Geh 'raus. Komm nachmittags, das Zimmer aufnehmen." Ich gehe also wieder und sage noch zu Elli: „Da is was nich richtig." Nachmittags geh ich denn wieder zu Haarmann. Da hat er sich eingeschlossen und ruft durch die Ritze: „Jetzt bin ich beschäftigt, komm abends, gegen sieben." Als ich am Abend komme, stehn alle Fenster weit offen. Das Zimmer hat er schon aufgescheuert und reingemacht. Haarmann, in Hemdsärmeln, ist sehr aufgeregt. Er schwitzt und fragt mich: „Dörchen, riecht es hier woll schlecht?" Ich sehe: Auf dem Bette liegen die Kleider von dem Berliner. Ich schreie laut los: „Was is mit dem Berliner?" Haarmann sagt ruhig: „Der hat nach Hamburg weitergemacht. Er wollte *andere* Montur haben. Hat woll was ausgefressen. Ich hab sie ihm umgetauscht und noch was zuzahlen müssen." Dann kamen auch Herr Grans und Elli. Elli und ich waren sehr mißtrauisch und fragten immer wieder: „Was is mit dem *Berliner?*“ Haarmann lachte uns aus, und Grans beruhigte uns. Zwei Tage später machten Elli und ich Haarmanns Zimmer rein. Haarmann ward gerade von Wegehenkel abberufen. Da benutzten wir die Gelegenheit und durchwühlten alle Schubladen. In der Schublade des Tisches lagen die Zigarrenspitze und die Brieftasche des Berliners. Wir erbrachen auch die Butzenklappe unter der Treppe. Da fanden wir eine blutige Schürze und einen ganz großen Topf voller Fleischstücke. (Er gehört Frau Wegehenkel. Er faßt 25 Liter.) Wir versteckten zwei Stücke, ganz voller Haare. Hier sind sie.“ Dörchen und Elli gerieten nun aber zufällig an denselben Kriminalkommissar Müller, welcher den Haarmann als Spitzel *beschäftigte*. Der hörte sie ungläubig an und führte sie dann zum Gerichtsarzt Alex Schackwitz. Dieser unterließ es (leider), das Fleisch zu mikroskopieren. Fröhlich lachend hielt er es an die Nase und sagte: „Riechen kann ich es heute nicht, denn ich habe den Schnupfen. Aber das sieht ja ein Blinder: Es sind Schweineschwarten.“ Man ließ nun bei Haarmann eine Haussuchung halten; fand aber nichts Verdächtiges. – – Wie aber war die Wirklichkeit gewesen? Der 18jährige Sohn des Gastwirts Franke in der Markgrafenstraße in Berlin, eines braven, stillen Mannes, war ein blitzsauberes Flittchenjuchhe und hatte mit seinem Freunde Paul Schmidt, einem störrischen Burschen von 16 Jahren, „Sachen von zu Hause“ im Bahnhof Friedrichstraße verkauft. Mit dem Erlös waren die beiden Tunichtgute nach Hannover gefahren. Dort hatte Haarmann beim Revidieren der Wartesäle morgens gegen sechs sie „sistiert“, hatte den minder hübschen mit etwas Geld in die „Herberge zur Heimat“ geschickt und den anderen mit sich nach Hause genommen. Als der junge Schmidt den vermeintlichen Kriminalbeamten endlich nach drei Tagen wieder nachts auf dem Bahnhof traf, versicherte dieser, der andere sei weitergefahren nach Hamburg. Das hinterlassene Zeug hat Grans geschenkt erhalten. Die beiden Dirnen aber hatten recht gesehen. – Haarmann gibt an, daß Grans unversehens dazu gekommen sei, als die Leiche im Zimmer lag. Er habe Haarmann ganz erschrocken und bleich angestarrt, habe aber kein Wort *gesagt*, sondern sich umgekehrt und gefragt: „Um welche Zeit soll ich wiederkommen?“ –

3. Wilhelm Schulze aus Coolshorn, geb. 31. August 1906, verschwand 20. März 1923

Wilhelm Schulze, Schreiberlehrling, ein frühfertiger abenteuerlustiger Junge, 16½ Jahre alt, Sohn des inzwischen verstorbenen Eisenbahntischlers Otto Schulze und seiner nun in Lehrte wohnenden kreuzbraven, schlichten Ehefrau, fuhr in die Stadt zur Arbeit und kam eines Tages nicht wieder. Leichenreste sind nicht ermittelt. Die Kleider fanden sich bei der Engel. Haarmann hatte den Jungen auf dem Bahnhof abgefangen und mit sich genommen.

4. Roland Huch, geb. 7. August 1907, verschwand 23. Mai 1923

Der Schüler des Bismarckgymnasiums Roland Huch, einziger Sohn der Eheleute Apotheker Huch, Arnswaldtstraße 32, 15½ Jahre alt, dunkelblond, groß, kräftig, trotz eben durchgemachter schwerer Rippenfellentzündung froh und frisch, hatte einen großen Schwarm für Marine und wollte durchaus zur See. Eines Abends, als die Eltern im Konzert in der Stadthalle waren, packte der Junge seine besten Sachen in einen Fiberkoffer, nahm sich Geld, verabschiedete sich von Alwin Richter, seinem liebsten Freunde: „Du Alwin, grüße die Eltern. Ich verreise." Die entsetzten Eltern eilen, als sie hören, daß der Sohn fort ist, sofort zur Bahnhofswache. Der Vorstand der Kriminalwache, Kommissar von Lonski, schnauzt sie an: „Ich kann doch nicht wegen eines fortgelaufenen Jungen den ganzen Apparat in Bewegung setzen." Dieses Mal handelt es sich um eine gute Familie. Das Gericht gestattet, was sonst (gemäß § 263) streng gemieden wird, die Polizei zur Vernehmung hereinzuziehen. Es kam heraus, daß nicht nur der Polizeiapparat versagt hatte, nein, der unglückliche Vater hatte auch nicht an die Bahnpolizei in Bremen und Hamburg telephonieren können. Er hatte um einen Beamten gebeten, um mit dessen Hilfe in den Slums der Altstadt nachzuforschen. Da war er aber beschieden worden: „Das ist nicht unser Ressort." Ja, die Vermißtenmeldung ist nicht einmal weitergegeben worden. – Dieses Mal verkaufte Haarmann das Zeug des Knaben durch die Wegehenkel an eine dunkle Mutter Bormann, die es weiterverkaufte an Alex, den Bademeister in Schraders Schwimmanstalt. Der brachte die Sachen ein Jahr später wieder zum Vorschein (sogar die Knöpfe trugen noch die Firma von Schneider Brüggemann) – die einzige Hinterlassenschaft des jungen Roland, der sich in den großen Wald der Welt hinaussehnte und einem Wolf in den Rachen lief.

5. Hans Sonnenfeld, geb. 1. Juni 1904, verschwand Ende Mai 1923

Hans, der 20 Jahre alte Sohn des Kaufmanns Johann Sonnenfeld in Hannover, wurde seit Ende Mai 1923 vermißt. Er hatte zuletzt in der Fabrik Sichel in Limmer gearbeitet, war dann auf dem Bahnhof in schlechte Gesellschaft geraten, hatte sich eine Geschlechtskrankheit zugezogen und bummelte nun. Nach einem Krach zu Hause wurde ihm der Hausschlüssel genommen. In Wut darüber ging er davon. Er kam nicht wieder. Nur der vierzehnjährigen Schwester Grete hatte er anvertraut: „Ich habe einen Freund, dessen Braut ich bin." Alle Nachforschungen waren erfolglos. Erst ein Jahr später, als die anderen Haarmannschen Morde aufgedeckt wurden, kam ein Bekannter des Verschwundenen namens Grote (auch einer aus der jungen Bahnhofsräuberbande, die im Bahnhofsvestibül, beim Schützenfest, auf der Insel usw. herumstrolchten), zu den Eltern und erzählte ihnen: „Zuletzt hab ich Hans mit Heinz Mohr gesehen. Sie hatten einen Teppich nach Berlin verschoben." Wer aber ist Heinz Mohr? Unter einem ganzen Humpel von jugendlichen Strolchen, Pennbrüdern, Fürsorgezöglingen, Puppenjungen, welche alle den Verschwundenen gut kannten, erscheint nun: Heinz Mohr, eine der psychologisch merkwürdigsten Figuren dieses Kriminaldramas. Ein baumlanger, spirriger, hektischer, ganz schlaffer, kompliziert brüchiger, aber zweifellos sehr verfeinerter Mensch steht mit schambrennendem Antlitz vor Gericht und gesteht, daß er die hinterlassene „Geliebte" des Verschwundenen gewesen ist, daß sie zusammen manche Gaunerfahrt gemacht haben, daß aber zuletzt nach der Rückkehr von einer Gaunerreise Hans plötzlich verschwunden sei; jedoch einige Wochen später, da habe er den *Mantel* des Verschwundenen, einen Schlüpfer (Ulster), *wiedergesehen:* an Haarmanns Leibe. Eine ganze Reihe anderer junger Leute, dazu auch Grans, ebenso die beiden Dirnchen, das schöne Dörchen und die nette Elli, ebenso Haarmanns Hehlerinnen Engel und Wegehenkel und sogar der Freund und Kompagnon Sr. Ehrwürden Herr Olfermann, alles beschwört übereinstimmend: „Ja, Haarmann, der *vor* Sonnenfelds Verschwinden einen schwarzen Mantel trug, trug einige Wochen *nach* Sonnenfelds Verschwinden einen gelben Schlüpfer mit Fischgräten-Muster und stark paspeliertem Futter." – Aber es ist merkwürdig: Haarmann, der sonst jeden Mord zugibt, wehrt sich gerade in *diesem* Falle verzweifelt und verwickelt sich dabei in schwere Widersprüche. Zuerst gab er an, den Schlüpfer von Sonnenfeld (der im ganzen Insel-Viertel allen bekannt war) *gekauft* zu haben. Später leugnet er überhaupt ab, einen solchen Schlüpfer *besessen* zu haben. Merkwürdig ist auch dieses: Auch der vom Sportverein gespendete Schlips des Sonnenfeld, auch das von der Mutter selber gestickte Taschentuch und auch der Wollschal des Verschwundenen fanden sich an bei Grans, bei der Wegehenkel und bei der Engel und so tauchte (da Haarmann gerade *diesen* Fall abstreitet) sogar der Verdacht auf, daß der ganze Menschenknäuel um Haarmann herum von dem Verschwinden des ihnen allen bekannten Sonnenfeld *wissen* könne. Besonders dreht sich nun alles um den ominösen „Schlüpfer", aus welchem diese Leute alle ihren *Entschlüpfer* zu machen bemüht sind. Die größte Verwickelung aber schafft dieses: Hans Grans tritt mit der Behauptung hervor: „*Den* Schlüpfer, welchen *Haarmann* trug, hab ich selbst für ihn verkauft. Für 20 Mark an „Gravörwilli"." – Gravörwilli, ein dunkler Ehrenmann, wird geholt und bestätigt Grans' Aussagen, aber gibt an, daß der Schlüpfer vernichtet sei, indem er ihn seiner Frau, der Sophie geschenkt habe, die ihn zu Scheuertüchern verschnitt. Statt sofortige Haussuchung bei Sophie anzuordnen, läßt das Gericht Gravörwillis Sophie holen, die unter Eid versichert, daß Haarmanns durch Grans verkaufter Schlüpfer nicht mehr da sei. Aber nun hat man ja in der Tat einen ebensolchen Schlüpfer unter den von der Kleiderhexe Engel verschleppten Sachen *gefunden*. Er liegt auf dem Gerichtstisch! *Ist* er es oder ist er es *nicht?* Die Fäden werden immer verwirrter, bis das in Rechts- und Unrechtsgeschäften bestbewanderte Mitglied des Gerichtshofes, der Angeklagte Grans, bescheiden vorschlägt: „Man kann ja doch den Schneider holen, der nach Angabe der *Eltern* den *Sonnenfeldschen* Schlüpfer gemacht hat." Nach fünf Minuten ist denn auch der ganz in der Nähe wohnende Schneider geholt und stellt fest, daß der auf dem Gerichtstisch liegende Schlüpfer in der Tat der Sonnenfeldsche *ist*. – Aber was war nun *das* für ein Schlüpfer, den Grans für Haarmann an Gravörwilli verkaufte und Sophie zu Wischtüchern zerschnitt? Wenn die Nachwelt das nicht erfährt, so liegt es wohl hauptsächlich daran, daß das Schwurgericht Hannover die Anfangsgründe der Kriminalpsychologie vernachlässigte. – Ein Zeuge hat einen Kleiderstoff wiedererkannt und benennt einen zweiten Zeugen, welcher ihn ebenfalls wiedererkennen werde. Man schickt sofort im Auto den ersten Zeugen fort, um den zweiten zu holen, womit natürlich das Zeugnis des zweiten a priori wertlos geworden ist. Man legt, wenn es gilt einen Stoff wiederzuerkennen, nicht etwa drei oder fünf Kleiderstoffe dem Zeugen vor und fragt: „Welcher ist es?" sondern man hält ihm das Objekt unter die Augen und fragt: „Ist es *dieser?*" Dank solcher Fehler wurde gerade *dieser* Fall so verwirrt, daß der Mord an Sonnenfeld (vielleicht der letzte im Hause Neue Straße 8; vielleicht gar ein nicht von Haarmann allein verübter Mord) völlig unaufgeklärt blieb.

6. Ernst Ehrenberg,
geboren 30. September 1909, verschwand 25. Juni 1923

Der kleine Ernst Ehrenberg, 13 Jahre alt, war ein ganz armes Kind, Sohn eines braven Schusters, der Haarmanns Nachbar war. An einem Junimorgen wurde der Knabe zu einem Kunden geschickt mit ausgebesserten Schuhen, lieferte sie ab, aber kam nicht zurück. Vier Tage später begannen die Schulferien. Es sollte an diesem Tage die Jugendabteilung des „Christlichen Vereins junger Männer" eine Ferienfahrt machen. Auch Ernst und seine zwei Brüder Hans und Walter durften mitwandern. Als Hans und Walter und der vierte Bruder Kurt (der statt des fortgebliebenen Ernst nun mitdurfte) in das Christliche Vereinshaus kommen, sitzt dort der Bruder Ernst im Vorflur auf der Fensterbank, trägt einen leeren Rucksack und erzählt: „Ich bin in Meinersen bei Tante Wiesinger gewesen. Habe für Mutter eine Kiepe Holz gesammelt." Als die drei Brüder sagen: „Mutter sucht dich. Sie wird gleich hierher kommen", da erwidert Ernst ängstlich: „Ne, ich mache lieber fort." Der jüngste Bruder begleitet ihn noch ein Stückchen zum Bahnhof und kehrt dann zur Mutter zurück. Die Mutter, in Unruhe versetzt, eilt zum Bahnhof. Das Kind ist verschwunden. Erst ein ganzes Jahr später kommt Licht in die Sache. Und zwar dank der grünen Schulmütze des Kindes! Kleine Knaben spielen in der Nähe von Haarmanns Haus. Einem der Kleinen schenkt der „feine Herr" im Vorübergehen eine grüne Schülermütze. „Will einer die Kappe? Ich habe sie einem frechen Buben beim Fußballspiel fortgenommen." Der arme kleine Willi Liebetreu, ein Kuhjunge, bekommt die Mütze. Alle im Viertel kennen den „Herrn Kriminal". Als seine vielen Mordtaten aufgedeckt sind, bringt der elfjährige Knirps die grüne Mütze zur Polizei und nun findet man bei Haarmann auch die von Vater Ehrenberg selbst genähten Hosenträger. Wie war es gewesen? Der junge Ehrenberg hatte das Geld für die fortgebrachten Stiefel damals verloren oder vernascht. Er wagte aus Angst vor Strafe sich nicht nach Hause, sondern ging zur Tante nach Meinersen. Schlich dann aber sehnsüchtig, als der Ferienausflug kam, zu seinen drei Brüdern ins „Christliche Vereinshaus". Aber lief wieder angstvoll zum Bahnhof, als er hörte, daß die erzürnte Mutter ihn suche. Er lief dort dem Nachbarn Haarmann in die Arme. Der nahm ihn mit nach Haus und tötete ihn.

7. Heinrich Struß aus Egestorf, geboren 23. Juli 1905, verschwand 24. August 1923

Heinrich Struß, 18 Jahre alt, Sohn eines Zimmermanns in Egestorf, war in der Stadt in Stellung und wohnte bei seiner Tante Schaper in Leinhausen, von wo er jeden Morgen mit der Eisenbahn zur Arbeitsstelle fuhr. Er kam regelmäßig um 6 Uhr aus Hannover zurück und war noch nie eine Nacht fortgeblieben. Eines Donnerstags aber im August kam er nicht von der Arbeit heim. Der Vater in Egestorf, von der Tante sofort benachrichtigt, fährt folgenden Morgen in die Stadt, um bei der Versicherungsfirma, bei der der Sohn als Bürogehilfe arbeitet, sich zu erkundigen. Die Antwort lautet: „Der ist schon mehrere Tage nicht zur Arbeit gekommen." Man vermutet: „Er muß in schlechte Gesellschaft geraten sein." Oder: „Er hat sich anwerben lassen ins Ausland." Die Polizei findet keine Spur. Zuletzt war der Knabe gesehen worden mit einer jungen Freundin im Kino. Erst ein Jahr später, als die bei Haarmann und in Haarmanns Kreis beschlagnahmten Sachen auf dem Polizeipräsidium ausgestellt werden, finden die Eltern darunter die grünen Stutzen mit brauner Kante, von der Mutter gestrickt, den Selbstbinder und sogar den Schlüsselbund des Vermißten, womit zu Hause aufgeschlossen werden: sein Koffer, sein Schrank und sein verwaister Geigenkasten.

8. Paul Bronischewski aus Bochum, geboren 14. August 1906, verschwand 24. September 1923

Frau Ottilie Richter aus Bochum, eine abgehärmte, bleiche, gebrochene Frau, kommt, um anzuklagen. Ihr Sohn aus erster Ehe, ein vollkommen solider Junge, noch völlig unschuldig, ein armer Dreherlehrling, fuhr an seinem 17. Geburtstage nach Garz an der Havel, Bezirk Magdeburg, zu seinem Onkel, dem Steuermann Schwarz. Er war dort willig, gefällig, arbeitsam. Erschien aber gedrückt und ließ erkennen, daß er nicht gern nach Bochum (das damals von den Franzosen besetzt war) zurückfahre, weil er keinen ordnungsgemäßen Paß habe. Am 24. September ging er von Garz nach der 11 km entfernten Kleinbahnstation Wulkau, um von dort nach der Reichsbahnstation Schönhausen a. E. und dann nach Bochum zurückzufahren. Er hatte aber wohl nicht genug Geld bei sich. Er ist nicht angekommen. Alle Nachforschungen waren vergebens. Als ein Jahr später die Morde Haarmanns aufkamen, und die bei ihm gefundenen Sachen ausgestellt wurden, fuhren Pauls Mutter und Onkel nach Hannover und da fanden sie einwandfrei seinen Tornister, seine Wanderhose, seine Sportjacke aus grauem Cord, seine Stutzen, von der Mutter gestrickt; sogar noch in Haarmanns Zimmer ein Handtuch, das die Mutter genäht hatte. – Paul war in Hannover ausgestiegen, auf dem Bahnhof unter dem üblichen Versprechen von Nachtlogis und Beschaffung von Arbeit, mitgenommen und getötet worden.

9. Richard Gräf,
geb. 13. Februar 1906, verschwand Ende September 1923

In die gräßliche Folge von Schreckensbildern kommt nun etwas Holdes und Liebliches. Fünf arme Kinder, drei Brüder, zwei Schwestern bleiben elternlos zurück. Die Mutter geht mit einem Geliebten auf und davon nach Amerika. Der Vater, Gelegenheitsarbeiter, kränklich und arbeitslos, kann die Kinder nicht ernähren. Er findet Arbeit in Eisenach, bleibt aber so arm, daß er nicht einmal imstande ist, nach Hannover zu fahren, um unter den Leichenteilen die seines verschwundenen Sohnes vielleicht zu agnoszieren. Die ganze Last der Ernährung der vier jüngeren Geschwister liegt auf dem ältesten Bruder Otto, und der ist doch erst 20 Jahre alt. Aber Gott sei Dank: er hat ein junges Mädchen gefunden, das ihm hilft. Und dieses junge Mädchen und ihre wackeren Eltern sowie eine Nachbarin Frau Hoffmann, geb. Brause, vertreten Elternstelle an den verwahrlosten Kindern. Vor das Gericht tritt, schlicht und würdig, eine liebe, blonde, gute hannoversche junge Frau. Sie trägt ein Kind unterm Herzen. Sie ist zwanzig Jahre alt und hat täglich elf Arbeitsstunden. Sie heißt Anna Wiedehaus. Und dies junge, zarte Ding ward die Mutter für fünf arme Kinder, deren leibliche Eltern auf und davon gingen. Der zweite Bruder, Richard, 17 Jahre alt, hatte eine große Sehnsucht: „Ich will nach Amerika. Zu Mama." Eines Septembertages ging er auf und davon, in die Welt hinaus. Nach zwei Wochen kommt er zurück. Er konnte ohne Paß und Geldmittel nicht aus Deutschland herauskommen. Seine Sachen sind ihm gestohlen. Er ist ausgehungert und übermüdet. Anna gibt ihm Essen. Er erzählt flackernd: „Ich habe auf dem Bahnhof einen feinen Herrn kennengelernt. Er weiß für mich eine gute Stelle auf dem Lande. Ich muß gleich wieder hin; er will mit mir sprechen; verdiene ich genug Geld, dann komme ich doch noch zu Mama." Er begrüßt noch schnell die Tante Hoffmann und seinen Gönner, Kaufmann Dickhaut, stürzt dann zum Bahnhof und kommt nie wieder. Die Nachforschung wird lässig betrieben, denn man sagte sich: „Er ist vielleicht doch nach Amerika." Fast ein Jahr später tauchen die Kleider des Gemordeten auf. Richards Anzug trug der Sohn des Friseurpaars Wegehenkel. Der Bruder Otto sagt: „Ja, das ist Richards brauner Anzug. Ich habe ihn oft aufgebügelt." – Den Ulster des Knaben hatte die Engel vorsichtig in die Pfandleihe verschleppt.

10. Wilhelm Erdner aus Gehrden, geb. 4. Februar 1907, verschwand 12. Oktober 1923

Der Sohn des Schlossers Wilhelm Erdner in Gehrden, 16 Jahre alt, fuhr jeden Morgen um sechs auf Vaters Rad zur Arbeit in die Maschinenfabrik. Eines Samstags kam er nicht wieder. Der Vater geht schon am nächsten Morgen zu Wilhelms Arbeitskollegen. „Habt ihr Will gesehen?" „Nein." Aber am Montag erzählt der 20 Jahre alte Lunghis, ein höchst merkwürdiger Mensch, der sich in Gehrden herumtreibt (Psychopath: kalt, frech, blond – es fehlen ihm beide Arme): „Herr Erdner, ich weiß, wo Ihr Wilhelm ist. Kriminalbeamter Fritz Honnerbrock hat ihn mitgenommen. Honnerbrock verkehrt in der „Eisbeinecke" an der Goethebrücke. Da sind wir mit ihm gut bekannt geworden. Honnerbrock läuft immer mit Wilhelm rum. Gestern hab' ich Herrn Honnerbrock getroffen und nach Wilhelm gefragt. Da sagte er: „Ach so, *der!* Den hab' ich in der Schillerstraße verhaftet und an das Polizeipräsidium abgeliefert." Wilhelm hat wohl was ausgefressen?" Die Eltern forschten nun auf dem Polizeipräsidium nach dem Sohn und nach einem Kriminalbeamten namens „Honnerbrock". Vergeblich! Doch nach einiger Zeit trifft der Lunghis wieder den vermeintlichen Kriminal Honnerbrock auf der Straße, geht auf ihn zu und erkundigt sich. Der antwortet: „Auf den Fall kann ich mich gar nicht entsinnen. Ich bin jetzt im Dienst. Kommen Sie man heute abend um 7 in die „Eisbeinecke". Dann können wir 'mal darüber sprechen." Aber abends kam er nicht in die „Eisbeinecke". Der junge Erdner blieb verschollen. Erst im Sommer des nächsten Jahres stieß man auf [eine] dunkle Spur. Ein Fahrradhändler namens Raupers, für dessen Geschäft Olfermann und Haarmann mal als Detektive gearbeitet hatten, hatte durch Haarmanns Vermittlung Mitte Oktober ein Rad gekauft. Das ging so zu: Haarmann erschien am 20. Oktober 1923 im Laden des Raupers. „Raupers, tun Sie mir einen Gefallen. Draußen steht ein junger Mann, arbeitslos, in Not geraten. Kaufen Sie ihm sein Rad ab. Seien Sie nett." Der Händler ließ sich überreden. Es war ein altes Modell, dunkelblauer Anstrich, ohne Freilauf mit Keiltretlager. Der vermeintlich in Not geratene junge Mann war – Grans. – Der Fahrradhändler arbeitete das Rad um, behielt dabei aber zufällig den Bremshebel aus Aluminiumbronze zurück. Daran erinnerte er sich, als die Mordgeschichten Haarmanns ans Licht kamen, und lieferte diesen alten Bremshebel auf der Polizei ab. Er stammte vom Rade, mit dem damals der junge Erdner zur Arbeit fuhr. Und nun fand sich auch noch dessen feldgraue Hose. Haarmann hatte sie an Frau Stille, die Tochter der Wegehenkel, fortgeschenkt.

11. Hermann Wolf, geboren 9. Juni 1908, verschwand 24. oder 25. Oktober 1923

Der Sohn des Schlossers Christoph Wolf, Kleine Wallstraße, etwas vernachlässigt, arbeitslos, schlecht gehalten, geht mit dem älteren Bruder zum „Arbeitsnachweis“; hinterher treiben sie sich auf dem Bahnhof herum. Der Jüngere sagt: „Karl, warte; ich will mal austreten, ich komme wieder.“ Der Ältere wartet, aber Hermann kommt nicht zurück. Erst sechs Tage nach dem Verschwinden wird die Vermißtenanzeige erstattet. Der Vater gibt an, daß der Junge geäußert habe: „Ich habe mit einem Kriminal am Bahnhof gesprochen. Ich hab' ein verdächtiges Gespräch gehört. Er hat gesagt, ich soll auf die Polizei kommen; dort kriegt' ich Belohnung.“ Acht Monate später, als die Morde herausgekommen sind, erkennt die Mutter auf der Polizei unter 400 Asservaten die Stoffreste von ihrem Sohn und kann an einer vom Vater genähten Westenschnalle beweisen, daß das Zeug von ihrem Sohne stammt; die Stoffreste aber waren von der Wegehenkel eingeliefert, die sie mit einer inzwischen verkauften Hose von Haarmann als „Flickreste“ geschenkt erhalten hatte. Die Eltern rasen gegen Polizei und Mörder. Der Vater ist manisch, rabiat, bedrohlich. Wahrscheinlich ist *das* der Grund, weswegen Haarmann feige und verängstigt, grade diesen Fall zäh abstreitet, indem er besonders anführt, daß er an seinem Geburtstage (24. Oktober) keinen umgebracht haben könne, weil er an diesem Tage sich in den Gastwirtschaften der Altstadt betrunken habe. Seine Taten aber seien immer in nüchternem Zustande begangen. Alkohol lähme den Geschlechtstrieb. Zu den Eltern redet er so: „Ich hatte meinen Geschmack. Einen so häßlichen Jungen wie nach dem Bilde eurer einer ist, hätte ich *nie* genommen. Ihr sagt, daß euer Junge nicht mal ein Hemd anhatte. Und die Hosen waren mit Bindfäden an sein Bein gebunden. Pfui Deibel! Schämt euch, daß ihr den Jungen so lodderig laufen laßt. Stoffreste wie eure da gibt es viele. Bildet euch man nichts ein. Euer Junge war mir lange nicht gut genug.“ – Dieser Fall mußte mit Freisprechung enden.

12. Heinz Brinkmann aus Clausthal, geboren 20. Oktober 1910, verschwand am 27. Oktober 1923

Der 13jährige Heinz, Sohn der Witwe Frieda Brinkmann in Clausthal am Harz, soll an einem Ferientage Richard besuchen, seinen Bruder, der als Füsilier in der Reichswehr dient; in der Bultkaserne in Hannover. Von da will er noch ein paar Tage zu Tante Emma in Uelzen. Die sorgliche Mutter begleitet den Jungen ein

Stück bis zum Bahnhof. 1 Uhr 59 geht der Zug ab vom Bahnhof Frankenscharrerhütte. Nachmittags 6½ ist er in Hannover. Der Junge kommt aber nicht an. Die arme Mutter begnügt sich nicht mit der Vermißtenanzeige („Wenn Sie was hören, dann geben Sie uns Bescheid"), sondern wendet sich sofort an ein Detektivbüro. Man kann feststellen, daß der Knabe den Zug 1.59 nicht mehr erreichte, sondern vom Bahnhof Lautenthal abgefahren ist mit dem Zuge um 5, der gegen 11 in Hannover eintrifft. Wo er dann aber übernachtet hat, läßt sich nicht feststellen. Monate nachher kommt folgende Spur: Ein Herr aus Bremerhaven, Hermann Otto, der in der „Jugendfürsorge" tätig ist, hat eines Abends im Oktober 1923 zwischen 11 und 12 Uhr nachts auf dem Hauptbahnhof in Hannover eine Beobachtung gemacht, die ihm im Gedächtnis blieb. In der Vorhalle stand ein 14jähriger schlanker Knabe mit starkknochigem mageren Gesicht, bekleidet mit einem braunen Manchesteranzug, leerem Rucksack unterm Arm, den Hut in der Hand; noch ein älterer Mensch stand dabei und ein kräftiger, gut gekleideter Herr sprach lebhaft auf die beiden ein. Diesen Herrn aber hatte Otto, der auf der Durchreise nachts häufig in Hannover auf dem Bahnhof Aufenthalt hatte, schon früher im Wartesaal bemerkt. Er hatte sich nämlich verwundert, daß keiner ohne Fahrkarte nachts die Wartesäle betreten durfte, daß aber dieser Herr beständig ein und aus ging und alle jungen Leute zwischen 16 und 20 ansprach. Auf die Anfrage bei einem Bahnbeamten, ob der Herr wohl auch von der Jugendfürsorge sei, bekam er die Antwort: „Nein, das ist ein Kriminalbeamter." – Es war Haarmann. Als acht Monate nach Verschwinden des kleinen Heinz die Morde ruchbar wurden, und alle gefundenen Kleider ausgestellt wurden, fuhren Mutter und Tante nach Hannover und fanden auf der Kriminalpolizei den Manchesteranzug, Rucksack und die Unterkleidung des Kindes. – „Ich erkannte gleich die Hose. Richard hat sie zuerst getragen und einen kleinen Tintenklecks hineingemacht. Die alte Frau Dieckmann, die auch bei uns auf der Zipfel wohnt, hat das grüne Futter eingesetzt und ich gab mein altes Inlett dazu." – Wieder stammt die Hose aus dem reichen Kleiderbefund der Madam Wegehenkel. Ihr eigener kleiner Rudi trug die Hose, aber als die Sache anfing brenzlig zu werden, hat sie den Anzug an einen Lithographen verschenkt, der ihn zur Polizei brachte. Der Knabe war zu spät in Hannover angekommen, um seinen Bruder noch den selben Abend aufsuchen zu können. Er blieb auf dem Bahnhof. Haarmann revidierte; versprach Unterkunft für die Nacht und hat ihn getötet.

13. Adolf Hannappel aus Düsseldorf, geboren 28. April 1908, verschwand am Martinstag 1923

Dem Zimmermann Jakob Hannappel und seiner Frau Marie, guter anständiger Menschenschlag, schickte ihr 17jähriger Junge zum Martinstag ein Paket mit Kuchen, Blumen und Würsten. Er war ein treuer, anhänglicher Mensch, dem die Lehrer und sein Lehrherr das beste Zeugnis ausstellten. Anfang 1923 erkrankte der junge Düsseldorfer Zimmergesell an einer Bauchfelltuberkulose. Aus dem Krankenhause schickte man ihn zur Erholung nach der Heilstätte Watersloh im Lippischen. Als er im September endlich als geheilt entlassen wurde, riet man ihm: „Zimmergesell ist zu schwer. Bleib auf dem Lande. Ergreif einen leichteren Beruf." Und so trat Adolf im Oktober 1923 in die Lehre bei dem Oberschweizer Rudolf Dehne, einem derben, etwas stumpfen Mann, in Linshorn bei Lippstadt. Das Gut und die Milchwirtschaft gehörten der Witwe Sürmann. Witwe Sürmann sagte: „Hannappel is e lieve Jong. Aver er het e Pischtole. So wat hevve de Kommeniste." Und der Oberschweizer sagte: „Fru, hei fret to vele. Der Jung is noch in Wassen. Hei fret mek bale arm." – So kam man denn überein, sich friedlich-schiedlich zu trennen. Hannappel sollte nach Hannover und sollte dort im „Schweizerbüro" von Wenger in der Ballhofstraße eine gute Stellung erfragen. Bekam er keine, so konnte er weiter zu seinem Onkel, der in Hamburg wohnt. Am 10. November, am Martinstage, verkaufte Hannappel seine Pistole, und mit dem erlösten Gelde fuhr er ab vom Bahnhof Bennighausen nach Hannover. Aber von nun ab hörte keiner mehr was von ihm. Das Wurstpaket an die Eltern „zum Martinstage" blieb sein letzter Gruß. Und doch meldete sich, als man nach dem Verschwundenen zu forschen begann, eine ganze Reihe Personen, die ihn in der Nacht des 10. November in Hannover auf dem Bahnhof im Wartesaal dritter Klasse gesehen hatten. Denn solch ein kernfester, kreuzbraver junger deutscher Handwerksbursche vergißt sich nicht so leicht. Er saß da bescheiden in einer Ecke auf seiner selbstgezimmerten großen Reisetruhe und trug eine schöne neue Breecheshose; auffiel es auch, daß er eine kleine Wasserwaage neben sich stehen hatte. Einige haben gesehen, daß Haarmann an Hannappel herantrat und auf ihn einsprach; einige, daß Grans und der junge Hannappel die schwere selbstgezimmerte Reisekiste zusammen zur Gepäckabgabe trugen. Auch dies wurde gesehen, daß Hannappel mit Grans und Haarmann *gemeinsam* in die Stadt ging; in der Richtung aufs Café Kröpcke. Aber von da ab war nichts weiter festzustellen. Erst im Juli des nächsten Jahres tauchten die Kleider des Vermißten, seine Schnürstiefel aus Boxkalf, seine Hosenträger, sein Sweater und auch seine alte Wasserwaage wieder auf in der Freundschaft und Verwandtschaft von Familie Engel. Ein Kriminalbeamter auf dem Bahnhof (o Ironie!) trug den olivgrünen Hut mit dem dunkelgrünen Band (ein Geschenk von seinem Kollegen Haarmann), und Hans Grans trug die neue schöne Breecheshose. Alle hatten in der Küche der Engel etwas von Haarmann billig gekauft oder zum Geschenk erhalten. Der Fall lag einfach, um so mehr, als Haarmann die Tötung eingestand. Aber er wurde zum verwickeltsten unter allen Fällen dadurch, daß Zeugen auftraten, die gesehen haben wollten, wie Grans den Haarmann auf Hannappel *aufmerksam* machte und zwischen Hannappel und Haarmann eine Bekanntschaft *vermittelte*. Diesen Umstand griff Haarmann auf, um seinen ehemaligen Geliebten anzuklagen: Grans habe ihm *befohlen*, den Hannappel zu töten, weil Grans selber die Breecheshose und den Inhalt der Reisekiste besitzen wollte. Ihm habe der junge Mann keine Leidenschaften eingeflößt. Denn er hätte nie auf Kleider gesehen. Aber Grans habe mit Vorwürfen, Drängen und Bitten nicht nachgelassen bis die Tat dann schließlich geschehen sei. Nun erwies sich freilich der Hauptbelastungszeuge für Grans, der Friseur im Zuchthaus zu Hannover, als eine Heuchlertype, die selbst unter der Halunkengalerie dieses Prozesses wohl jedem unvergeßlich bleiben muß. Ein glatter, aaliger, hehliger, eleganter Mensch, Kriegsverletzter mit einer Prothese, kommt auf seinen Stock gestützt und erzählt (moralgeschwollen, trotz endloser Strafliste) von seinen heiklen Beobachtungen im Bahnhof. Er hat Zeitungen gelesen, und so weiß er genau, daß Haarmann unter Grans' „erotischer Hörigkeit" stand. Alles andere hat er sich zusammengeklittert und will gern eine Rolle spielen. Er weiß, wie Wittkowski oben auf dem Perron, wie Grans im Vestibül, wie Haarmann in den Wartesälen ein ganzes Mordsystem mit Signalen und Zinken organisiert haben. Er weiß, wie die Knaben von Hans und Hugo ausgesucht und dann dem Haarmann zum Erdrosseln übergeben wurden.

Dazwischen macht er „Schmonzes": von Reichtum, den er selber besessen, von großen Geschäften, die er einst unternommen hat und versichert: „Ein deutscher Mann, der die Heldenzeit mit erlebt und im großen Kriege sein Blut fürs Vaterland geopfert hat, *lügt nicht*." Es wird allmählich klar: Mitgetötet oder Opfer „zugeführt" hat Grans wohl *nicht*. Aber es bleiben doch unaufgeklärt die großen Widersprüche in der Darstellung, welche Haarmann gibt und in der, die Grans gibt. Es konnte immerhin festgestellt werden, daß nicht Haarmann, sondern Grans die Holztruhe des Getöteten (gleich nach der Tötung) vom Bahnhof abgeholt hat und daß Grans viele Sachen sich aneignete. – Die braven

Eltern erbitten sich, ehe sie aus dem Gerichtssaal scheiden, einige Kleiderreste zum Andenken, und tief bitter sagt die Mutter im Hinausgehen: „Die Hose kann sich *Grans* nehmen; sie ist ja so elegant." Grans wurde (wehe den Richtern!) zum Tode verurteilt.

14. Adolf Hennies, geb. 10. November 1904, verschwand am 6. Dezember 1923

Es ist nichts von ihm übriggeblieben als sein alter Mantel. Der hatte ursprünglich flache, gelbe Hornknöpfe. Sie sind abgetrennt und von ungeübter Hand sind Lederknöpfe an ihre Stelle gesetzt. Diesen Mantel beschlagnahmte man Burgstraße in der Wohnung, die Hans Grans und Hugo Wittkowski teilten und stellte ihn aus auf dem Polizeipräsidium. Eine Reihe von Zeugen hat dort unabhängig voneinander den Mantel als den des vor sechs Monaten verschwundenen 19jährigen Handlungsgehilfen Adolf Hennies wiedererkannt. Zunächst seine Mutter, die Witwe Auguste Hennies, geb. Habekost, Perlstraße 3: schwer und dumpf. Sie erkannte Schnitt, Farbe und Ärmelfutter. Sodann der Untermieter bei Frau Hennies, Willi Eisenschmiedt, ein glaubwürdiger, stiller, alter Mann, mit dem Adolf dasselbe Zimmer teilte und in dessen Kleiderschrank lange Adolfs Mantel hing. Auch sein Bruder, ein junger Arbeiter und sein naher Freund Willi Rackebrand erkennen den Mantel. Und endlich auch die Kleiderfirma, bei welcher dieser Mantel auf Abzahlung von Hennies gekauft wurde. Die Einerleiheit ist also gesichert. Wie aber kommt der Mantel in den Besitz von Grans? Grans behauptet, er habe ihn von Haarmann auf Abzahlung gekauft und schulde dem Haarmann noch heute einen Teil des Kaufpreises. Haarmann gibt an: „Eines Nachmittags, es war Schneetreiben und Frost, kamen Wittkowski und Grans zu mir und baten: „Laß uns zu heut abend dein Zimmer. Wir haben eine Besprechung." Ich sagte: „Meinetwegen", und ging abends, wie ich immer tat, zum „schwulen Kessel" (der Zusammenkunftsort der Gleichgeschlechtsliebenden unter den Linden am Hoftheater), blieb dort einige Stunden und ging dann auf den Bahnhof. Erst gegen Morgen komme ich nach Haus. Liegt da im Zimmer ein Toter. Ganz entkleidet. Hugo und Hans schnüren grade Kleider zusammen. Ich frage: „Was ist das?" Sie sagen: „Einer von den deinen." Ich denke: „Er hat am Halse keine Wunde. Die meinen haben Lutschflecke." Sie blieben bei ihrer Behauptung und liefen fort. Nur der Mantel blieb zurück; den hat Grans folgenden Tages auch geholt und mir acht Mark dafür hingelegt. Ich hatte die Mühe, die Leiche zu zerlegen und fortzuschaffen. Ich weiß nicht, wer es war. Aber es war der, dem *dieser Mantel* dort gehört hat."

– Die Beschuldigung gegen Grans machte Haarmann in größter Steigerung mit tränenerstickter Stimme; am zweiten Verhandlungstage. Vor dem Untersuchungsrichter hatte er angegeben, er habe den Mantel gekauft und später an Grans überlassen; mit der Mahnung: „Ich glaube, der Mantel ist heiß", weswegen Grans sich gleich andere Knöpfe annähte. – Die Mutter berichtet: „Mein Sohn war streng ehrbar; er ist nie nachts fortgeblieben. Es war das erstemal, daß er abends nicht nach Hause kam. Er besuchte nur hie und da mit seinem Freund Wedemeyer Tanzlokale, aber das wußten wir stets. Wedemeyern hat er anvertraut, daß er für eine junge Frau schwärme, die er als Laufbursche beim Großschlächter Ahrberg einst bedient hatte; er möchte sie so gern mal ins Kino einladen, wage das aber nicht." – Hennies war gerade stellenlos und suchte neue Arbeit. An dem Tage seines Verschwindens bewarb er sich um eine Stelle als Seifenreisender bei einem Kaufmann G. in der Alten Cellerstraße (da dieser der homosexuellen Sphäre nahe stand, so knüpften sich an seine Seifenfabrik ganze Romane). Es ist kein rechter Anhalt dafür da, daß Hennies den Haarmann näher kannte, doch hat er sowohl seinem Bruder wie seinem Freunde erzählt: „Ich habe einen Kriminalbeamten kennengelernt, der mir Arbeit nachweisen will und Kleider versprochen hat." – Es ist anzunehmen, daß Haarmann durch solche Versprechungen den Hennies in seine Wohnung gelockt hat. Aber klar ward das nicht. Daß Haarmann gerade *diesen* Mordfall auf Hugo und Hans abzuschieben versuchte, erkläre ich mir aus einfachsten Gründen: Der hinterbliebene Mantel war in der Tat ein *Streitobjekt* der drei. Sie haben sich darum geprügelt und bedroht. Grans und Wittkowski wollten Haarmann das Geld dafür nicht geben; darum knüpfte sich gerade an *diesen* (dazu gelegenen) Fall die „kompensatorische" Fantasie des Eifersuchtshasses gegen Wittkowski und des Hasses aus verschmähter oder verdrängter Sexualität gegenüber Grans. Der gewaltigste aller Kriminalfälle, der des französischen Marschalls Gilles de Rais zeigt viele ähnliche „Kompensationen". – Immerhin kann man Haarmann nur der Tat überführen, nicht sie ihm beweisen. Er wurde freigesprochen.

Zwischenspiel

Der Fall Keimes

Ich reihe hier denjenigen Mordfall ein, der unter den *nicht* mit zur Verhandlung gelangten Mordfällen mit der merkwürdigste und von allen Mordtaten des Haarmann der für den Seelenforscher rätselhafteste zu sein scheint. –

Ich leite ihn ein mit einigen Sätzen aus einem längeren Schreiben des Herrn Georg Koch, Kaufmann in Hannover (dessen 14jähriger Sohn Hermann möglicherweise gleichfalls ein Opfer des Haarmann geworden ist): „Als Vater des 1918 verschwundenen 14jährigen Hermann Koch möchte ich zu der Bemerkung der Polizei, als habe man sie ungenügend über den Verbrecher *orientiert*, den Gegenbeweis liefern. Daß Haarmann mit meinem Sohn Verkehr unterhalten hat, wurde von ihm zugegeben; geht auch hervor aus einem Entschuldigungszettel, den Haarmann der Schule zugehen ließ, als mein Sohn auf seine Veranlassung aus der Schule wegblieb. Als die Polizei nichts über den Verbleib meines Sohnes zu ermitteln vermochte und den Haarmann aus der Untersuchungshaft entließ, übertrug ich den Fall dem Detektivbüro Sebastian, welches nach umfangreichen Recherchen dem Haarmann den Mord glatt auf den Kopf zusagte. Dennoch wurde das Wiederaufnahmeverfahren abgelehnt. Dies war im November 1921. – Inzwischen aber hat dasselbe Detektivbüro in einer zweiten Mordsache (Keimes) *ebenfalls* Haarmann als Täter eruiert und unter dem 11. Mai 1922 ein Verfahren gegen ihn beantragt. Auch *dieser Antrag blieb unbeantwortet*, obwohl in den Jahren 1922 bis 1924 viele Personen (Rehbock, Klobes, Lammers, Lindner) immer wieder Anzeigen machten."

Um was nun handelt es sich beim Fall Keimes? Am 17. März 1923 verschwand in der Südstadt der 17 Jahre alte Sohn der Eheleute Keimes, ein außergewöhnlich schöner Jüngling. Die Eltern wandten sich an die Polizeibehörde, die aber trotz inständiger Bitten keine Vermißtenanzeige in den Zeitungen erließ, so daß drei Tage später die Familie selber Inserate in die Lokalzeitungen einrücken ließ, worin eine hohe Belohnung demjenigen versprochen wurde, der über den Verbleib des Jünglings Auskunft zu geben vermöchte. Daraufhin erschien einige Tage später bei der Familie ein Mann (der später als Haarmann erkannt wurde), gab an, daß er Kriminalist sei und sich für den Fall interessiere und bat, ein Bild des Sohnes sehen zu dürfen; indem er äußerte: „Wenn Ihr Sohn noch in Hannover ist, so kläre ich binnen drei Tagen den Fall auf." Während die Mutter fortging, um ein Bild des Sohnes zu holen, blieb der Mann mit der Schwester des Verschwundenen allein im Zimmer; das Kind gab nach dem Fortgehen des Mannes an, er habe sie „teuflisch angelacht“. Die Leiche des Jünglings wurde am 6. Mai 1922 (also erst nach sieben Wochen) aufgefunden im Kanal, eine Stunde vor Hannover. Sie war nackt, der Hals stranguliert und ein Strick darumgeschlungen, und im Mund steckte ein Taschentuch mit dem Monogramm G. – Man nahm an (so unbegreiflich das ist), daß ein echter Raubmord vorläge und der Jüngling an Ort und Stelle erschlagen sei. Merkwürdig ist nun, daß Haarmann nach dem Besuch bei der Familie Keimes ins Polizeipräsidium ging und Hans Grans jenes Raubmordes verdächtigte (eine Bezichtigung, die aber zusammenbrach, da man annahm, daß zur Zeit, wo die Tat geschah, Hans Grans sich in Haft befand). Das Taschentuch im Munde der Leiche war aber scheinbar wirklich ein Taschentuch des Grans. – Es gibt hier jedenfalls der Umstand zu denken, daß Haarmann (wie später im Fall Hennies) schon einmal seinen Geliebten mit einer (vielleicht von ihm selber begangenen oder mitbegangenen) Tat zu belasten versucht hat; möglicherweise sogar bewußt die Verschleppung, Strangulierung und Knebelung mit einem Tuche so veranstaltete, daß Grans hereinfallen *sollte*. Es geschah das unmittelbar nach dem großen Krach zwischen Haarmann und Grans, als Haarmann aus Jägerheide zurückkehrend, sein Zimmer durch Wittkowski und Grans ausgeräubert fand und voller Rachsucht gegen beide sein mußte. Die Klärung des Fall Keimes ist nicht gelungen. Überhaupt sind von den 400 Asservaten, die sich bei Haarmann fanden, nur 100 anerkannt worden.

15. Ernst Spiecker, geboren 15. Juni 1906, verschwand 5. Januar 1924

Sie brachte aus ihrer Jugendliebe ein Kind mit in die Ehe und muß es sehr geliebt haben, denn sie vermag vor Weinen nichts auszusagen. Eines Morgens, Januar 1924, mußte der 17jährige in einem Prozeß als Zeuge auftreten. Er zog sein Festgewand an. Es stammte aus dem Herrenschneidergeschäft des Stiefvaters, eines feinen sympathischen Mannes. Vom Gericht aus ging er noch mit seinem Freunde Siegfried Kurth spazieren, nahm dann Abschied in der Nähe des Theaters und kam nicht wieder. Dieser Fall zeigt in fast schauerlicher Weise, von welchen Zufällen Mordentdeckungen abhängen und wie leicht Rechtsirrtümer zustande kommen. Der junge Kurth, Sohn eines Fabrikanten, stand nämlich an dem Tage, wo sein Freund verschwand, vor der Auswanderung nach Argentinien. War es also ein Wunder, daß manche Leute, daß vielleicht die

Nahestehenden mit Entsetzen den Gedanken aufgriffen, der Ausgewanderte könne um das Verschwinden wissen? Lebenslänglich wäre ein falscher Verdacht haften geblieben, wenn nicht im Juni nahezu das gesamte Zeug des Verschwundenen aus den bekannten Hehlerwinkeln zum Kriminalpräsidium gebracht worden wäre. Die Stutzen, die Sportmütze, die Stahluhr mit den Hirschgrandeln hatte Grans weiterverkauft, das Oberhemd trug er bei seiner Verhaftung am Leibe; er trug gleichzeitig am Leibe Kleidungsstücke von vier Getöteten und handelte mit Kleidern *anderer* Getöteter; so daß nur ungeheuerliche Frechheit oder volle Arglosigkeit bezüglich der Herkunft dieser von Haarmann empfangenen Sachen solches Zurschautragen von Mordtaten begreiflich macht. Auch die Bekanntschaft des verschwundenen jungen Spiecker mit Haarmann konnte bewiesen werden; der Sohn des Spieckerschen Hauswirts bekannte, daß er und sein verschwundener Freund den Haarmann im „schwulen Kessel“ kennengelernt und von ihm Zigaretten erhalten hatten. Haarmann behauptet (wie in sämtlichen Mordfällen), daß er nach dem Lichtbild den jungen Spiecker nicht erkennen könne, sich auch an ihn nicht entsinne (obwohl der Junge ein Glasauge hatte); aber er müsse wohl annehmen, daß er eines seiner Opfer geworden sei, da ja alle Sachen bei ihm gefunden wurden. Vielleicht sei es jener schöne Jüngling gewesen, der, als er um Mitternacht erwacht sei, tot in seinen Armen gelegen habe. Er sei bei dem Anblick ohnmächtig geworden oder vor Mattigkeit wieder eingeschlafen. – „Als ich erwachte frühmorgens, lag der Tote neben mir. Steif und kalt und blau. Ich habe ihn mit den Händen aus dem Bett gezogen, auf den Fußboden gelegt und zerstückelt. Ich habe diesen Fall im Gedächtnis behalten, der Tote lag da so furchtbar krank.“

16. Heinrich Koch, geboren 22. September 1905, verschwand 15. Januar 1924

Der Junge war etwas leicht. Der Vater, ein stiller, sanfter, schwermütiger Mann, hatte nicht rechte Gewalt über ihn. Am 13. Januar blieb er die Nacht fort und log den Eltern vor: „Ich war auf dem Maskenball.“ Am 15. ging er früh gegen 8 vom Hause fort, und wird seitdem vermißt. – Er trieb sich viel herum in gleichgeschlechtlichen Kreisen; den Winter über half er, da er keine andere Arbeit fand, zusammen mit seinem Freunde, dem Klempner Tolle, beim Pantoffelmacher Otto Moshage, einem auffallend klug und edel aussehenden Menschen. Dem erzählte er bei der Arbeit: „Ich möchte gern von Haus fort. Die Eltern liegen mir immer in den Ohren. Sie machen immer Vorwürfe. Aber ich habe einen Bekannten. Er ist Kellner im Reichshof; wohnt in der Altstadt; hat mir fünfzig Zigaretten geschenkt; da hab ich schon mal geschlafen." – Moshage, der das Treiben beim Bahnhof und Theater genau kannte, und den Koch schon in Gesellschaft des Haarmann gesehen hatte, fragte nach dem Namen des Kellners. Der Junge wurde verlegen. Der Pantoffelmacher sagte: „Sag doch die Wahrheit. Es ist Fritz Haarmann." Der Junge sagte: „Es stimmt." – Haarmann behauptet zwar, nach dem Bilde den Jungen nicht zu erkennen; aber alle seine Sachen haben sich wiedergefunden; Theodor Hartmann, der Sprößling der Engel aus einer ihrer früheren Ehen, hatte sie für Haarmann verkauft, und so sagt denn Haarmann, wie bei allen Morden, wenn sie *bewiesen* sind: „Es wird wohl stimmen."

17. Willi Senger, geboren 6. Juli 1904, verschwand 2. Februar 1924

Ein liebloses Zuhause. Der Vater, ein Arbeiter in Linden, kümmert sich nicht um die Kinder. Ebensowenig die Mutter, eine stumpfe, wasserblonde, lymphatische Frau. Der ältere Bruder ist schwerfällig und ausdrucksschwer; wenig mitteilsam. Eine freudearme Familie. In diesem Daheim wurde wenig gesprochen. Der 17jährige Willi trieb sich schon seit Jahren auf dem Bahnhof und bei den Homosexuellen herum. Ein schöngebauter Junge; aber roh und Gewaltmensch. Eines Februarabends sagt er zu Mutter und Schwester: „Ich will verreisen", zieht sein gutes Zeug an und geht. Als er nicht wiederkommt, wird in dieser stumpfen Welt von seinem Fortbleiben wenig Aufhebens gemacht. „Ein Esser weniger." Erst als im Juni die vielen Morde aufkommen, denken die Angehörigen: „Können uns ja mal die Sachen ansehen", und finden nun darunter den Selbstbinder, den der Bruder Heinrich dem Vermißten geschenkt und genäht hat, und seinen braunen Mantel. Haarmann behauptet, die Sachen am Bahnhof von irgendwem gekauft oder getauscht zu haben; den Senger hat er freilich seit Jahren gekannt und ebenso dessen unzertrennlichen Freund, den 19jährigen Fritz Barkhof. „Das waren die beiden größten Rowdys von allen auf dem Bahnhof. Ich hatte vor den beiden immer Angst. Senger war groß, roh und stark. Ich hätte ihn nicht bezwungen. Schon darum kann ich ihn nicht getötet haben." – Es fällt auf, daß Haarmann nie die Tötung eines Menschen zugibt, den er lange Zeit hindurch *kannte*. Er räumt nur dann die Tötung ein, wenn er mit einiger Glaubwürdigkeit angesichts der Photographie sagen kann: „Ich erkenne ihn doch nicht wieder. Möglich; möglich auch nicht" (wie ihm überhaupt das Betrachten der Lichtbilder *sichtbar quälend* ist). – Für die Beziehung des Senger zu Haarmann ist nur ein Zeuge da, jener Fritz Barkhof; aber der wirkt wenig vertrauenswürdig: zugleich roh und feminin, zugleich eitel und verschlagen. Verfehlterweise vernahm man diesen verdächtigen Burschen über das Vorleben Sengers in Gegenwart von dessen Angehörigen, wobei ganz zweifellos aus Angst oder Schonung oder Geniertheit manches ungesagt blieb. Denn es ist sicher: Diese beiden Burschen gehörten zur engeren Gruppe der berufsmäßig Sich-selbst-Feilbietenden. Senger hat dem Barkhof erzählt, daß er mehrfach bei Haarmann genächtigt habe und als nach Verschwinden Sengers der Barkhof den Haarmann fragte, ob er nichts von Senger wisse, da erklärte dieser derb: „Den kenn ich gar nicht." Brach auch später solche Fragen immer kurz ab. Über den Zeitpunkt, zu dem Haarmann den Mantel des Senger erworben haben will, verwickelt er sich in Widersprüche. Es konnte ihm aber klar bewiesen werden, daß er erst unmittelbar nach dem Verschwinden des Senger den Mantel im Besitz hatte.

18. Hermann Speichert, geboren 21. April 1908, verschwand 8. Februar 1924

Ein kluger, geweckter Junge, fast 16, Elektrotechnikerlehrling bei Mühe & Co., Hildesheimer Straße. Januar 1924 fällt den Eltern auf, daß er immer in *sauberem* Zustand von der Arbeit kommt. Der Vater geht zu Mühe & Co. und bekommt zu hören: „Seit vier Wochen kommt schon Ihr Junge nicht mehr." Der junge Bummler wird nun streng vorgenommen. Er erwidert: „Ich habe keine Lust mehr zur Technik. Ich habe einen Freund, der will mich ins Ausland mitnehmen." Der Vater besteht darauf, er muß folgenden Tags wieder zu Mühe & Co. Da die Eltern in Linden wohnen, so muß der Junge in der Mittagpause 12–2 bei seiner Schwester essen; Frau Albrecht in der Lavesstraße. Das geschieht wie immer, so auch am 8. Februar. Die Schwester, eine brave, anständige Natur, führt mit dem Jungen harmlose Gespräche. Um 2 geht er fort wie gewöhnlich und ist seitdem verschwunden. Am 10. machte der Vater der Polizei Meldung. Man fand keine Spuren. Erst im Juni wurden Kleidungsstücke des Kindes, von Mutter und Schwester genäht, und mit Monogrammen gezeichnet in Haarmanns Wohnung, Rote Reihe 2, gefunden, andere hatte der Stiefsohn der Engel in Haarmanns Auftrag verkauft; den Schulzirkelkasten des Knaben hatte Grans bekommen. Ein älterer Bekannter des Knaben hat diesen einmal in Gesellschaft von Haarmann auf der Georgstraße gesehen. Die Mutter bricht angesichts der Kleider ganz zusammen. Haarmann schlägt (zum ersten Male) die Augen nieder.

19. Alfred Hogrefe aus Lehrte, geboren 6. Oktober 1907, verschwand 6. April 1924

Alfred, der 17jährige Sohn des Lokomotivführers Gustav Hogrefe in Lehrte, war in Hannover Mechanikerlehrling in der Schlägerstraße. Er fuhr regelmäßig morgens 6 von Lehrte mit der Bahn nach Hannover zu seiner Lehrstelle und kam abends gegen 7½ zurück. Montags besuchte er die Gewerbeschule. An diesem Tage kam er immer erst gegen 10, angeblich weil er im Anschluß an den Gewerbeschulunterricht von 7½–8½ noch Turnen hatte. Am 1. April 1924 erhielten seine Eltern von dem Leiter der Gewerbeschule die Nachricht, daß der Junge den Unterricht versäume. Der Junge wurde von den sehr unpädagogischen Eltern vorgenommen. Er war tief verlegen. Der Vater schrie ihn an: „Gut! Mutter und ich fahren morgen zur Gewerbeschule nach Hannover. Dann werden wir weiter sehen." – Am anderen Mittag um 2 fuhren beide Eltern zum Lehrer des Jungen. Es kam eine ganze Lügenblase zum Platzen. Der Junge hatte drei Montage die Schule geschwänzt und sich selber Entschuldigungszettel geschrieben. Die Eltern erfuhren auch, daß das Turnen nicht am Abend von 7½ bis 8½ Uhr stattfinde, sondern am Tage während des übrigen Unterrichts. Inzwischen war der Junge (natürlich in Todesangst, daß nun „alles herauskommen" müsse) wie immer in seine Mechanikerwerkstatt gefahren und ging mittags 2 Uhr von der Lehrstätte fort mit der Begründung, er wolle seine Eltern von der Bahn abholen. Tatsächlich aber fuhr er, während die Eltern von Lehrte nach Hannover fuhren, seinerseits von Hannover nach Lehrte zurück, packte dort in seiner Herzensangst seine Sachen zusammen und entfernte sich mit diesen aus dem Elternhause. Erst nach und nach sickerte in den folgenden Monaten einige Kunde durch über den Verbleib des Jungen. Nachdem er aus dem Elternhause entlaufen war, traf er auf dem Bahnhof in Lehrte einen Bekannten, den Lehrling Wiese. Hogrefe erzählte dem Wiese, er werde zu Hause von den Eltern „schlecht behandelt" und wolle deshalb fort. Er bot dem Wiese sein Fahrrad zum Kauf an. Wiese, ein heller Junge, nutzte die Gelegenheit und kaufte sich billig das Rad. Natürlich schwieg er dann über die ganze Begegnung. Am Abend des folgenden Tages traf der junge Wiese den Hogrefe wieder; diesmal auf dem Hauptbahnhof in Hannover. Hogrefe hatte jetzt einen lederimitierten Handkoffer bei sich, kam lebhaft auf Wiese zu und erzählte: „Mensch, den Koffer da hab ich mir von deinem Geld fürs Fahrrad gekauft." Der andere fragte: „Wo hast du denn *geschlafen?*" Hogrefe gestand, daß er auf dem Bahnhof geschlafen habe und fragte Wiese kleinlaut, ob er wohl die nächste

Nacht bei ihm in Lehrte auf dem Heuboden schlafen könne. Er hatte offenbar schon wieder Sehnsucht nach Hause, wagte sich aber doch nicht, nachdem sein ganzes Lügengewebe herausgekommen war, zurück zu den strengen Eltern. Dies war am 3. April. Am 4. April gegen 8 Uhr6 abends traf abermals ein Bekannter aus Lehrte, der Schneidergeselle Farin den Hogrefe in Hannover vor dem Bahnhof. Aufgeregt erzählte der Junge, er sei vor einigen Tagen seinen Eltern entlaufen, er habe sein Fahrrad verkauft und sich dafür einen Koffer angeschafft, der liege in der Handgepäckaufbewahrungsstelle. Die Nacht schlafe er bei einem Herrn, den er kennengelernt habe, der in der Neuen Straße wohne und Kriminalbeamter sei. – Farin hat danach den Hogrefe nicht wieder gesehen. Aber noch einmal sah ihn ein *dritter* Bekannter aus Lehrte, der Lehrling Wilhelm Köhler, welcher täglich zur Arbeitsstelle nach Hannover fährt. Auch diesem erzählte Hogrefe ganz die gleiche Geschichte. „Mein Vater hat mich rausgeschmissen. Ich habe einen Koffer in der Gepäckausgabestelle." (Und jungenhaft-stolz zeigte er dem Köhler den Gepäckschein.) Am nächsten Abend (also etwa 6. April) sah Köhler den Hogrefe mit Haarmann (von dem er wußte, daß er „Fritz" hieß und „Kriminal" sei) an einem Tische im Wartesaal I. und II. Klasse sitzen und sich unterhalten. Und nach abermals zwei Tagen (etwa 8. April) traf Köhler den Hogrefe abermals im Bahnhof und ging mit ihm ein Stück bis zur Herschelstraße, wo Hogrefe sich verabschiedete. Hogrefe erzählte, er treffe sich jetzt oft mit „Kriminal Fritz". Von da an sah ihn niemand mehr. Den Haarmann kannten die aus Lehrte zur Arbeitsstelle fahrenden Jungen alle vom Bahnhof her. Sie hielten ihn für einen Beamten. Auch der Lehrling Walter Schnabel, der mit Hogrefe jeden Morgen zur gemeinsamen Lehrstelle fuhr, hat später bezeugt, daß Haarmann (den sie aber nicht mit Namen kannten) oft schon um 6 Uhr in der Bahnhofshalle war und sie dann immer scharf ansah. Ein älterer Werkmeister hat auch Hogrefe mit Grans und Haarmann im Gespräch gesehen. Das war aber schon im März. Alle Kleider des Verschwundenen, Marengojacke, Krimmermantel, Barchenthemd, Schal usw. sind später bei Haarmann oder bei der Engel und den Unterverkäufern zum Vorschein gekommen. Hierbei wurde die Engel zum ersten Male auf Widersprüchen ertappt. Sie will den Mantel des Getöteten unter Lumpen gefunden und ihrer Tante, die Pantoffeln macht, weitergegeben haben. Aber sie hat der Tante über die Herkunft des Mantels andere Angaben gemacht. Haarmann erklärt: „Ich nehme bestimmt an, daß ich Hogrefe getötet habe, an sein Gesicht erinnern kann ich mich nicht." (Ließe man Haarmann vor seinem Tode seine Erinnerungen an die Getöteten niederschreiben, so würde sich herausstellen, daß er lediglich peinliche Erinnerungen *verdrängt.*) – Es liegt hier der Tatbestand vor: Ein verängstigter Knabe, der geprügelt werden soll, drückt sich acht Tage lang sehnsüchtig und hungrig auf dem Bahnhof herum. Der Vater selber ist Eisenbahner. Alle Jungens aus Lehrte, die zur Stadt fuhren, und viele Eisenbahnbeamten kennen den Knaben. Sie sehen ihn fortdauernd auf dem Bahnhof in Gesellschaft des Haarmann. Sie kennen aber auch alle den Haarmann. Nichts geschieht, um den Entlaufenen aufzugreifen. Und als er verschwunden ist, geschieht nichts, um – – den Haarmann zu befragen.

20. Hermann Bock, geboren 2. Dezember 1901, verschwand Mitte April 1924

Der Fall Bock dürfte von allen Fällen der dunkelste sein; wenn Haarmann wirklich diese Tat beging, so dürfte es wahrscheinlicher sein, daß hier ein lang geplanter Mord verübt wurde, als nur eine Tötung im Geschlechtsrausch.

Der „Arbeiter" Bock aus Ulzen, 22 Jahre alt, war einer von denen, die sich beschäftigungslos in Hannover umhertrieben, bald auf dem Bahnhof, bald in der Altstadt. Er war blond, groß, kräftig und kühn. Haarmann kannte ihn seit 1921 „vom Bahnhof her". Er machte mit ihm gelegentlich kleine Schiebergeschäfte oder nutzte ihn als Kommissionär beim Verkauf von dunkel erworbenen Kleidern. Als Bock Mitte April verschwand, weinte ihm keiner eine Träne nach. Nur der Dreher Fritz Kahmann aus der Neuenstraße, mit dem Bock das Zimmer geteilt hatte (er ist dümmlich, ängstlich, dumpf und unsicher und hat kleine ängstliche Augen) fragte einige Wochen nach dem Verschwinden des Bock seinen Nachbar Haarmann: „Du, Fritz, wo is eigentlich *Bock* geblieben?" Haarmann antwortete: „Soll *ich* das wissen? Wird wohl ein Ding gedreht haben, hat vielleicht von Kollegen eins auf die Platte 'kriegt." Darauf der dümmliche Kahmann: „Fritz, du *mußt* es doch wissen. Er is zuletzt gesehen, wie er mit einem Koffer nach deiner Wohnung ging." Haarmann wurde nachdenklich. Dann sagte er: „Das is mir doch alles ein Rätsel. Hermann is ein hübscher Bengel und nich auf 'en Kopf gefallen." Kahmann darauf ängstlich: „Ich meine man, wir sollten zur Polizei gehen und ihn „vermißt" melden." „Dunnerslag", erwiderte Haarmann, „da haste recht, Kahmann. Weißte was? Ich bin doch auf 'er Polizei gut bekannt. Ich besorge die Meldung. Und außerdem: Bei die Krankenhäuser und im Gerichtsgefängnis muß angeklingelt werden. Das mach ich alles noch *heute.*" Am nächsten Tage trafen sich die beiden wieder auf der „Insel". Haarmann begann sofort: „Alle Mühe ist umsonst. Ich habe überall nachgefragt.

Keiner weiß von Hermann.“ (Später kam heraus, daß Haarmann nirgendwo wegen des Bock nachgefragt noch telephoniert hatte.) ... Bock hatte noch mehrere nahe Freunde: Paul Sieger, genannt Alex, roh, blond, brutal, Franz Kirchhoff, Schlosser, 20 Jahre alt, ein defekter Junge mit kleinem Kopf, kleinen Augen, kleiner Nase, dicker Unterlippe und belegter Stimme, sowie endlich Hans Ulawski, ein langer dünner Kellner im „Simplizissimus“, welchen Haarmann so charakterisiert: „Das is der größte Gauner vom Bahnhof. Is Zauberkünstler. Zieht rum auf die Jahrmärkte.“ Alle diese jungen Leute kannten Haarmann seit vielen Jahren. Sie hielten ihn stets für einen Kriminalbeamten. (Er hat ihnen oft weisgemacht: „Ich muß heute zur Konferenz aufs Präsidium.“) Sie wußten auch, daß Bock mit Haarmann zusammensteckte. Er aß mit Haarmann in der Wirtschaft bei der Engel. Er schlief auch oft bei Haarmann. Aber seine Komplizen bezeugen: „Mit Männern machte er nichts. Er war nur für die Mädchens. Er war normal.“ In der Tschechoslowakei hatte Ulawski eine Braut! Zu dieser sind Bock und Ulawski zweimal zusammen hingefahren. Die Mutter des Bock, 51 Jahre alt, aus Ulzen, simpel, stumpf, glupschäugig, schwerhörig und kränklich, hat sich gar nicht um den Verschwundenen bekümmert. „Der Junge kam woll zu Weihnachten. Als am 8. April Herr Kahmann mich 'ne Karte schrieb, da dachte ich: Na, hei schall schon wedder komen.“ Höchst merkwürdig ist es nun, wie die Sachen des Bock bei Haarmann „festgestellt“ wurden. Als nach Festnahme des Haarmann auch Ulawski in Haarmanns Gegenwart unter den ausgestellten Sachen nachsah, fand sich gar nichts. Aber im Fortgehen fällt der Blick des Ulawski auf das Zeug, das Haarmann selber am Leibe trägt. Er stutzt, besieht sich's genau und ruft dann bestimmt: „Haarmann trägt ja Hermanns Anzug auf dem *Leibe*.“ Haarmann lachte ihn aus und erklärt: „Die Sache ist viel zu ernst, als daß man mich da herein bringt.“ Ulawski blieb bei seiner Behauptung, und da er wußte, bei welchem Schneider sein Freund arbeiten ließ, so geht er zu diesem, und der Schneider kann denn auch unter Eid bestätigen, nicht nur, daß er den Anzug, welchen Haarmann trägt, einst für Bock angefertigt hat, sondern auch, daß Haarmann *selber* ihn später mit der Bemerkung, er habe den Anzug für 30 Mark von Bock erworben, für seine Statur hat umändern lassen. Jetzt erinnert sich denn auch Haarmann, er habe den Anzug „vielleicht“ von Bock gekauft. Aber inzwischen fand sich auch die Aktentasche des Bock. Der eingeschriebene Name: Hermann Bock, Hannover, ist ausgescheuert, aber noch klar leserlich. Die Tasche wurde von der Kleiderhexe Engel als Markttasche benutzt. Haarmann hatte sie ihr geschenkt. Alle anderen Sachen des Bock sind ebenso wie die Leichenteile aus der Welt verschwunden. Daß Lustmord vorliegt, ist nicht wahrscheinlich; der Verschwundene war ja langjähriger Bekannter, der oft bei Haarmann schlief, war nicht homosexuell und nicht mehr in dem Alter, welches Haarmann bevorzugte. Wurde hier etwa einer beseitigt, der manches gemerkt hatte und plaudern konnte? Oder lockten Koffer und Kleider? Oder war ein Zank vorausgegangen? Oder spielte alles ineinander. Es erfolgte Freisprechung.

21. Wilhelm Apel aus Leinhausen, geboren 4. Juni 1908, verschwand 17. April 1924

Der Junge war immer träumerisch und verschlossen, konnte aber, wie Lehrer und Pastor ihn schildern, leicht eingeschüchtert und beeinflußt werden. Nachdem er 1923 die 1. Klasse der Bürgerschule durchlaufen hatte und eingesegnet war, brachte ihn der Vater, der Dreher Wilhelm Apel in Leinhausen, als Lehrling unter in der großen Speditionsfirma von M. Neldel in der Nikolaistraße. Er fuhr fortan jeden Morgen um 6 Uhr mit der Eisenbahn in die Stadt zur Arbeit und kam abends gegen 8 Uhr nach Leinhausen zurück. Er scheint aber in der Stadt auf Abwege geraten zu sein. Seit Beginn des Jahres 1924 beobachtet die Mutter an dem Jungen ein gedrücktes Wesen. Er saß oft grübelnd über seinen Büchern und konnte die Mutter nicht frei ansehen. Der Vater, sehr streng, lauerte in der Stadt dem Jungen auf, ertappte ihn beim Zigarettenrauchen und bestrafte ihn schwer: „Zur Strafe gehst du Ostern nicht aus der Tür, und wenn die Sonne scheint." Den Tag darauf, am 17. April, begab sich der Junge wie gewöhnlich nach Hannover, ist aber auf seiner Lehrstelle nicht angekommen und wird seitdem vermißt. Unter den bei Haarmann beschlagnahmten oder von der Engel für Haarmann verkauften Sachen fanden sich die zumeist von der Mutter selber genähten Kleider des Jungen. Da dieser, wenn er abends nach Leinhausen fuhr, in dem von Haarmann „revidierten" Wartesaal sich aufhalten mußte, so dürfte er dort wohl die verhängnisvolle Bekanntschaft gemacht haben.

22. Robert Witzel, geboren 18. März 1906, verschwand 26. April 1924

Der zweite Sohn des Werkmeisters Georg Witzel in Hannover-Linden trat nach Beendigung seiner Schulzeit im Juli 1921 als Arbeiter ein bei den Mittelland-Gummiwerken und ging im Mai 1924 über zu den „Excelsior-Gummiwerken". Sein nächster Freund wurde der Arbeiter Friedrich Kahlmeyer, ein erst 14 Jahre alter, aber sehr frühentwickelter schweigsamer, hintersonnener, hübscher Bursche mit Mädchengesicht. Diese beiden jungen Arbeiter und gelegentlich auch der ältere Bruder Willi Witzel trieben sich viel an den Treffpunkten der Gleichliebenden um, verkehrten in dem homosexuellen „Gesellschaftshaus“ an der Calenberger Straße und suchten fast jeden Abend am Bahnhof oder hinter dem Café Kröpcke („Schwuler Kessel“, „Café Wellblech“) nach „Bekanntschaften“; gingen auch mit in die Wohnungen, wo sie Geld erhielten und gelegentlich auch bewirtet wurden. Daher war ihnen auch Haarmann, der sich oft halbe Nächte lang an diesen Treffpunkten aufhielt, genau bekannt. – Sie hatten auch mit ihm gelegentlich Verkehr. Bezüglich des hübschen jungen Kahlmeyer äußerte Haarmann nach seiner Festnahme: „Ich bereue, daß ich Kahlmeyer nicht genommen habe. Der hätte noch weg müssen.“ Am 26. April 1924 erbat Robert Witzel von seiner Mutter 50 Pfennige, da er in den Zirkus gehen wolle, zog seinen guten Rock an, entfernte sich gegen 4 Uhr nachmittags und wird seitdem vermißt. Als Kahlmeyer einige Zeit nach dem Verschwinden des jungen Witzel den Haarmann traf und diesen fragte, ob er nicht wisse, wo Witzel geblieben sei, tat Haarmann ungemein erschrocken und schien noch gar nicht gehört zu haben, daß Witzel *vermißt* werde. Dies bestärkte den Kahlmeyer in dem Glauben, Haarmann wisse nichts von der Sache und entschuldigt ein wenig, daß dieser in gleichgeschlechtlichen Kreisen sehr beliebte Bursche aus Scham, aus Furcht vor Strafe, vielleicht auch aus Angst vor Haarmann (welcher beständig drohte: „Wenn ihr zu Hause etwas sagt, laß ich euch verschütt gehen“ [d. h. bring ich euch ins Gefängnis oder in die Fürsorgeerziehung]) auch den Eltern des Verschwundenen gegenüber die homosexuellen Beziehungen völlig verschwieg. Die Eltern und der Bruder wollen in dem am 20. Mai 1924 im Lustgarten angetriebenen Schädel bestimmt den des Verschwundenen erkennen und zwar an der eigenartigen Zahnbildung (die vorderen Zähne waren abgedacht und geriffelt, und ein Backenzahn war einige Zeit vorher ausgebohrt, aber noch nicht mit einer Plombe gefüllt worden). Der Dentist, der den Witzel behandelte, erkennt aber den Schädel nicht wieder, und Haarmann glaubt gerade in *diesem* Fall genau zu wissen, daß er den Schädel des Witzel zertrümmert habe. Vollkommen gesichert dagegen ist die Dieselbigkeit der bei Haarmann und seinen Hehlerinnen gefundenen Kleider, Stiefel, Wäsche, Schlüssel usw. Auch fand sich in einer von Theodor Hartmann, dem Sohn der Engel, getragenen Hose eine Ausweiskarte auf den Namen Robert Witzel, welche der Hartmann dem Haarmann zurückgab. Haarmann glaubt, daß er den Witzel gleich in der ersten Nacht, wo er ihn bei sich hatte, getötet und die Leichenteile in die Leine geworfen habe.

23. Heinz Martin aus Chemnitz, geboren 30. Dezember 1909, verschwand 9. Mai 1924

Der Vater Bauklempnermeister Georg Martin in Chemnitz war 1918 in Frankreich gefallen. Der zehnjährige Heinz war zurückgeblieben mit Mutter und Schwester. Er war ein guter, ordentlicher Junge, bis Ostern 1924 Schüler des Realgymnasiums, dessen junges Leben zwei große Ereignisse hatte, der Besuch mit einer Schar anderer Sekundaner in Bremerhaven 1921 und nochmals 1922. Seither träumte er davon, Schiffsingenieur zu werden, baute Schiffe und las Reisegeschichten. Ostern 1924 wurde er konfirmiert und sollte nun zunächst in der Strickmaschinenfabrik als Schlosserlehrling lernen; aber seine Jungensträume steuerten in die weite Welt. Die Mutter war ernst und streng. Seinem Freunde und Mitlehrling Horst Clemens gegenüber erschloß er sein Herz: „Ich möchte wieder nach Bremerhaven auf das große Schiff. Was hab ich hier? Muß die Küche aufräumen. Das Bett machen. Ist das etwas für Jungen? Wundert euch nicht, wenn ich mal davongehe." Zur Einsegnung hatten die Verwandten dem Jungen ein Geldgeschenk gemacht; insgesamt 32 Mark; er kam sich damit reich vor. Er trug den Besitz immer bei sich. „Du mußt sparen", sagte die Mutter, „gib mir das Geld; ich brings auf die Sparkasse." Der Junge, errötend, sagt: „Och, das liegt in der Fabrik in meinem Werkzeugkasten." Die Mutter, fühlend, daß da etwas nicht stimmt, meint: „Nun, ich will morgen nachmittag doch in die Fabrik; ich sehe dann mal nach." Das war am 8. Mai. Am 9., wie immer, geht der 14jährige in die Fabrik, kommt dort nachmittags 2 Uhr zu seinem Werkmeister und bittet: „Morgen muß ich nach Leipzig zur Beerdigung meiner Großmutter. Kann ich wohl einen Tag Urlaub haben und einen Passierschein?" „Gewiß, mein Junge", sagt, keine Lüge ahnend, der Werkmeister. Der Junge packt seine Sachen zusammen, geht und bleibt seitdem verschwunden.

Vor dem Schwurgericht in Hannover stehen zwei Frauen, wie aus dem Grabe entstiegen, im Feuer äußersten Leidens geläutert. Acht Wochen lang suchte man nach dem Kinde, aber fand keine Spur. Man dachte wohl an Bremerhaven und an seinen Wunsch, Schiffsbauingenieur zu werden. Aber merkwürdigerweise hatte er von seinem Konfirmationsgeld 20 Mark im Werkzeugkasten zurückgelassen. Er konnte also höchstens 12 Mark bei sich haben. Sollte er nun aber gar *darum* entlaufen sein, weil er fürchtete, daß die Mutter am Nachmittag kommen und das Geld nachzählen werde, so hatte er jedenfalls den Rest oder einen Teil des Restes schon *früher* verbraucht und war also in diesem Falle ganz ohne Geld oder mit sehr wenig Geld fortgelaufen. Nur bekleidet mit seiner blauen Marinesportmütze, mit seiner blauleinenen Schlosserjacke, einem weiß-rot-gekästelten Hemd und einer braunen Unterjacke. Es war wohl kaum zu vermuten, daß er in diesem Zustand aus Chemnitz herauskam. Aber als im Juni die großen Leichenfunde in Hannover aufkamen, fuhren doch die beiden Frauen nach Hannover, um die aus Haarmanns Umgebung zusammengebrachten Sachen immerhin mal anzusehen. Und da finden sie unter den 400 Fundstücken die Kleider ihres Heinz. Auf eine sehr merkwürdige Weise wird das in das Schweißleder der Marinemütze eingepreßte Monogramm H. M. völlig sichergestellt als das des Kindes. Man schickte die Mütze an die kleine Hutfabrik, von der die Mütze des Knaben bezogen war, und diese wies nach, daß in dem gestanzten M sich ein Merkmal (eine defekte Stelle) befindet, das nur in einer von ihr bezogenen Mütze sich befinden *kann*. Aber wie ist der Knabe nun nach Hannover gelangt? Es läßt sich nur *vermuten*, daß er entweder vielleicht von einem Helfer des Haarmann verschleppt wurde oder auf dem Wege nach Bremerhaven in Hannover aussteigen und sich Arbeit suchen wollte, daß er dann auf dem Bahnhof gleich allen anderen Knaben dem Haarmann in die Arme lief. Haarmann hat nach anfänglichem Leugnen die Tat zugegeben.

24. Fritz Wittig aus Kassel, geboren 23. November 1906, verschwand 26. Mai 1924

Der Fall Wittig und der Fall Hannappel waren die beiden Fälle, in denen Haarmann behauptete, auf Befehl und unter dem Einfluß des Hans Grans getötet zu haben. Er bezeichnet beide Fälle immer mit dem Kennwort „Düsseldorfer". Den Hannappels, weil er über diesen nur wußte, daß er „aus Düsseldorf" sei, den Wittigs, weil (wie er behauptet) Wittig einen rheinländischen Dialekt sprach. Aber während im Fall Hannappel das Gericht den Hans Grans wegen *Anstiftung* zum Morde (nach § 49 StGB) zum Tode verurteilte, wurde Grans im Falle Wittig nur der *Beihilfe* zum Morde schuldig befunden und zu 12 Jahren Zuchthaus verurteilt. Als Beweggrund zur Anstiftung wie zur Beihilfe nahm das Gericht an, daß Grans die Kleider der Getöteten für sich begehrte. Für den Psychologen, der die gedrungene Vielheit aller Antriebe auch im scheinbar einfachsten Falle kennt und der weiß, daß man Taten immer nur vom nachhinein *vereinfachend* auf *ein* Motiv zurückführt (worin sich jene beruhigende Ökonomie des menschlichen Denkens kundtut, die ich „logificatio post festum" nannte), kann der Fall *nicht so klipp und klar* liegen, wie für die Rechtsprechung, welche die Urteile zu *ihrer* Beruhigung findet: „non quia peccatum sed ne peccetur". Wir müssen also uns bemühen, die Untiefen dieses wunderlichen Falles zu erschürfen. – Fritz Wittig war ein gutgebauter, reichveranlagter Junge von 17 Jahren, 1,73 m groß mit langem, nach hinten gekämmtem blondem Haar, das an den Schläfen in Wellen abstand. Sein Vater, ein Kesselschmied in Kassel, und sein junger Schwager, der Kaufmann Hermann Schaad waren über den hübschen begabten Jungen, der in einer Spirituosenfabrik als Lehrling arbeitete, sehr ungehalten, weil er schon früh mit jungen Mädchen sich abgab; sie ahnten aber noch nicht, daß er auch homosexuelle Bekanntschaften gemacht hatte. Nach einem Zerwürfnis mit dem Vater, der dem Sohn seinen Leichtsinn vorhielt, entfernte der Junge sich am 27. April aus Kassel, nahm dabei einen seinem Chef gehörigen schwarzen Lederkoffer mit, in den er seine Kleider und Wäsche einpackte und versuchte, auswärts Arbeit zu erhalten. Am 30. April stellte er sich bei der Inhaberin der Süßwarengroßhandlung Carl Zwanzig in Hannover auf der Goethestraße vor und bat um Beschäftigung als Reisender. Da er einen guten Eindruck machte, und sein Lehrzeugnis deponierte, so wurde er zum Besuch der Stadtkundschaft angestellt. Er trat am 1. Mai die Stelle an, erhielt Muster, die er in einem schwarzen Koffer (offenbar der in Kassel unterschlagene) verpackte, kam aber am Abend zurück und sagte, daß es ihm nicht gelungen sei, etwas zu verkaufen. Auch am 2. Mai abends kam er wieder und berichtete, daß er nichts habe verkaufen können, gab die Muster wieder ab mit der Begründung, daß seine Mutter in Kassel schwer erkrankt sei und daß er deshalb nach Hause fahren wolle und ließ sich auch sein Lehrzeugnis zurückgeben. Am Abend des 3. Mai erschien er aber schon wieder bei Zwanzig und erklärte, daß er am Montag noch einmal den Versuch machen möchte, Ware zu verkaufen. Den schwarzen Koffer und sein Lehrzeugnis hatte er aber nicht mehr bei sich, sondern angeblich in Kassel zurückgelassen. Am Montag, den 5. Mai, stellte Herr Zwanzig eine umfangreiche Musterauswahl zusammen und übergab ihm hierzu seinen eigenen Koffer, sowie ferner einen zweiten flachen schwarzen Koffer mit einer Anzahl Mustergläsern. Fritz Wittig entfernte sich mit den beiden Koffern und kehrte nicht zu Zwanzig zurück. Wie sich nachher herausstellte, war seine Erklärung über die Erkrankung seiner Mutter und den Verbleib seines Koffers nicht wahr gewesen. Eine Verwechslung der Person ist darum unmöglich, weil Wittig durch einen verkümmerten rechten Arm und eine unbrauchbare rechte Hand leicht erkennbar war. Die Angehörigen Wittigs erhielten von diesem am 4. Mai einen in Hannover abgestempelten Brief, in welchem er als seine Anschrift „Gasthaus Dißmer, Heiligerstraße" angab, woselbst er in der Tat eine

Nacht geschlafen und dann mehrmals gegessen hat. Später erhielten die Angehörigen noch eine Karte mit Bahnpoststempel Hannover-Bebra, 14. Mai. Von da ab bekamen sie keine Nachricht weiter; konnten auch durch die Polizei nichts mehr erfahren und fanden erst wieder Spuren des Verschwundenen, als nach Ausstellung der bei Haarmann gefundenen Gegenstände sie nach Hannover fuhren und unter den Gegenständen den bei Grans beschlagnahmten Anzug sowie das bei Haarmann beschlagnahmte Notizbuch mit der Handschrift des Vermißten fanden. In dem Notizbuch befand sich ein Kalender auf der letzten Seite. Auf ihm waren die Tage bis zum 23. Mai einschließlich durchstrichen. Außerdem lag darin ein Zettel folgenden Inhalts: „Gebe hiermit Herrn Hans Grans einen grauen Anzug in Kommission; selbiger muß bis Montag Abend, den 26. Mai, wieder in meinen Händen sein, widrigenfalls 40 Goldmark bis zum 26. Mai 1924 zu zahlen sind. Hannover, den 26. Mai." Die Zahl 40 war durchstrichen und statt ihrer zwanzig in *Buchstaben* darüber geschrieben. Dieser konfuse Zettel, der die Unruhe eines unklaren Augenblicks zu atmen scheint, ist geschrieben in Haarmanns großer, korrekter, nach rechts überwiegender, stark gebundener, an Zeichen für Vorsicht, Zurückhaltung und Hinterhalt überreichen Schrift und ist unterschrieben von Haarmann *und von Grans*. Es handelt sich offenbar um eine zwischen Haarmann und Grans getroffene Abmachung bezüglich des von dem Getöteten getragenen Anzugs. – Es trat nun nach der Zeugenvernehmung als wahrscheinlich hervor, daß Wittig in der Nacht des 26. Mai von Haarmann getötet wurde und daß Grans am 27. Mai den Anzug von Rote Reihe 2 *abgeholt* hat. – Hat Grans von dem Mord gewußt? Hat er ihn selber angestiftet? Zwei Zeugen wurden aufgefunden, welche auszusagen vermögen, was der Verschwundene getrieben hat zwischen dem 5. Mai, wo er mit den Koffern der Schokoladefirma Zwanzig davonging, und dem 26. Mai, an welchem er (wahrscheinlich) getötet wurde. Es ist zunächst wahrscheinlich, daß Wittig am 4. Mai, einem Sonntag, aus unbekanntem Grunde nach Bielefeld fuhr. Ein Reisender namens Fritz Brinkmann hat ihn auf der Fahrt von Bielefeld nach Hannover kennengelernt. Wittig erzählte diesem Mitreisenden, daß er bisher bei der Schokoladenfirma Zwanzig tätig gewesen sei und sich nun auf der Suche nach Arbeit befinde. Auf dem Bahnsteig in Hannover wurde Wittig von einem Bekannten angesprochen, den er dem Brinkmann als Kriminalbeamten Haarmann vorstellte, dieser Bekannte hat dann Wittig zu einem Glase Bier eingeladen. In den folgenden Tagen will Brinkmann den Wittig noch wiederholt in Gesellschaft des Haarmann getroffen haben. Er behauptet, auch Grans mit Wittig gesehen zu haben, wie sie eingehakt am Ernst-August-

Platz zusammen spazierengingen. Bei einer dieser Begegnungen soll Wittig dem Brinkmann erzählt haben, er habe Aussicht, auf der deutschen Werft in Hamburg Arbeit zu erhalten und habe keine Lust mehr, in Hannover zu bleiben. Bei einer späteren Begegnung aber erzählte er, sein Freund Haarmann habe ihm nun doch geraten, lieber in Hannover zu bleiben. Durch den zweiten Zeugen, den Schneider Richard Huth, wurde festgestellt, daß der junge Wittig in seinen arbeitslosen Stunden an mann-männliche Kreise herangetreten war und an dem Sammelpunkt hinter Kröpcke offenbar Bekanntschaften gesucht hat. Huth, ein alter Bekannter von Haarmann und Grans, bekundet, daß er Anfang Mai hinter Kröpcke mit Haarmann (den auch er stets für einen Kriminalbeamten hielt) im Gespräch stand, als ein hübscher junger Mann auf ihn zugetreten sei und um Feuer gebeten habe. Haarmann sei diskret fortgegangen. – Als der junge Mann ihm sagte, er sei arbeitslos und hier fremd und wäre froh, wenn er erst einmal für diese Nacht Unterkunft hätte, bot Huth ihm an, die Nacht bei *ihm* zu verbringen. Inzwischen trat aber Haarmann in Gesellschaft von Grans wieder an ihn und den Fremden heran und forderte sie beide auf, zu einem Glase Bier mitzukommen. Sie gingen alle vier in die Gastwirtschaft „Alte Reichshand" in der Gr. Packhofstraße, wo Grans immer von neuem zum Trinken animierte (obwohl er die Zeche zahlte), während Haarmann zur Mäßigung mahnte. Nach Eintritt der Polizeistunde entfernten sie sich aus der Wirtschaft und Huth kam von den anderen ab, da ihm vorm Corso-Café ein Mädchen im Übermut den Hut vom Kopfe nahm. Er holte sie dann am Bahnhof wieder ein, traf aber nur noch Haarmann, der auf die Frage nach dem Verbleib der anderen erwiderte, der Unbekannte sei mit Grans gegangen. Als Huth hierauf bemerkte, er denke, Grans sei doch gar nicht „so veranlagt", sagte Haarmann: „Er hat jedenfalls einen Bock auf ihn." Darauf haben sich dann auch Haarmann und Huth voneinander verabschiedet. – Dies wären also die Zeugnisse für die Vorgänge, durch welche Wittig von Grans und Haarmann eingefangen und gleichsam dem Huth abgejagt wurde. Nun machen aber Haarmann und Grans über den Zusammenhang verschiedene Angaben. Haarmann (der *diesen* Mord von Anfang an zugeben mußte, weil des verstümmelten Arms wegen sein ewiges: „Ich erinnere mich an meine Opfer nicht", *unglaubwürdig* gewesen wäre) behauptete sogleich, Grans habe am Café Kröpcke ihn auf den mit Schneider Huth sprechenden jungen Mann aufmerksam gemacht mit den Worten: „Du, den Anzug muß ich unbedingt haben. Meiner geht schon an den Ärmeln entzwei." Er, Haarmann, sei dann auf Grans' Drängen an den Fremden herangetreten und Grans habe alles Folgende eingefädelt und den Wittig dazu überredet, statt mit Huth lieber doch mit Haarmann zu gehen, welcher „sehr gut“ sei und ihm auch zu essen geben werde. Haarmann hat dann den Unbekannten nach der Roten Reihe verschleppt; aber beim Geschlechtsverkehr Anstoß genommen daran, daß die rechte Hand unbrauchbar war. Er hat daher am folgenden Tage Wittig wieder weggeschickt. Von da an aber sei Wittig auf Grans' Veranlassung dennoch immer wieder gekommen. Als Haarmann, der den Fremden nicht leiden mochte, ihn wieder wegschickte, habe dieser abends vor der Wohnung aufgepaßt und als er Licht im Zimmer bemerkte, so lange gerufen und gepfiffen, bis Haarmann den Hausschlüssel herunterwarf. (Welche Vorgänge denn auch von Hausbewohnern bestätigt werden.) Am dritten Tage ließ sich Haarmann (wie die Engel bestätigt) vor Wittig verleugnen, der aber kurz darauf zusammen mit Grans wiederkam. Grans sei in diesen Tagen wiederholt zu ihm gekommen und habe gefragt, wann er denn nun den Anzug bekäme. Haarmann habe gesagt: „Ich kann den Menschen nicht lieben.“ Worauf Grans äußerte: „Man macht das doch leichter bei einem, den man *nicht* liebt.“ Am vierten Tage gegen Mittag sei Wittig freudestrahlend wiedergekommen und habe erzählt, daß es ihm gelungen sei, in Hamburg Arbeit zu erhalten. Er wolle am Nachmittag zwischen 5 und 6 Uhr mit einem Transport abreisen. Aber am Abend um 11 Uhr traf dann Haarmann den Wittig auf dem Bahnhof in Gesellschaft von Grans, der ihn von der Reise abgehalten habe. (Was denn freilich den Angaben des Brinkmann widerspricht, wonach Wittig erzählte, daß *Haarmann selber* ihn abhielt.) Grans habe ihn beiseite genommen und leise gesagt: „Fritz, du Idiot, der Anzug paßt mir doch. Nimm den Jungen doch mit. Ich möchte den Anzug doch so gern haben.“ – Um endlich vor Grans Ruhe zu haben, habe er an diesem Abend Wittig wieder mitgenommen und getötet, und, als er am Morgen mit Zerstückeln der Leiche beschäftigt gewesen sei, sei Grans des Anzugs wegen schon erschienen. Er, Haarmann, habe (da Grans dergleichen nicht sehen konnte) die Leiche schnell unters Bett geschoben und sich die blutigen Hände gewaschen. Grans aber habe hastig gefragt: „Was riecht hier so schlecht?“ und „Wo ist das Zeug?“ Als Haarmann sagte: „*Der* (womit er Wittig meinte) ist nicht mehr da“, habe Grans sofort zu suchen angefangen; er aber, Haarmann, habe sich vor das Bett hingestellt und dem Grans den Schlüssel zu der von Hannappel hinterlassenen Truhe gegeben; daraus habe sich Grans den Anzug des Wittig hervorgezogen; dann sei er ihm um den Hals gefallen, habe ihn geküßt und gesagt: „Fritz, du bist doch der Beste. Auf dich kann ich mich immer verlassen.“ Haarmann habe sodann gejammert, er habe an Wittig über 40 Mark Kosten gehabt, die müsse Grans mittragen. Grans habe dann auch gleich 8 Mark angezahlt und über den

Rest hätten sie das in Wittigs Notizbuch vorgefundene Schriftstück sogleich aufgesetzt, weil er, Haarmann, gefürchtet hat, daß Grans ihn bemogeln wolle. – Grans erklärt alle diese Angaben für nur halbwahr. Er erzählt die Sache so: „Nicht *ich* habe mich an den mit Huth am Café Kröpcke stehenden jungen Mann herangemacht, sondern Haarmann hat mir gesagt: „Du, auf den hab ich einen Bock." Nicht *ich* habe Haarmann gesagt, daß ich von einem anderen das Zeug haben möchte, sondern Haarmann hat zu mir (im Fall Hannappel wie im Fall Wittig) gesagt: „Schau mal den Anzug da; möchtest du den wohl haben?" Ich habe gelacht, weil ich nicht glaubte, daß er durch irgendeine Gaunerei mir den Anzug verschaffen könne. Als er ihn mir dennoch verschaffte, habe ich wahrhaftig nicht denken können, daß er das durch einen Mord getan hatte. Ich habe nicht das mindeste dazu getan, den Wittig gefügig zu machen, daß er mit Haarmann mitgehe. Ich habe aber in der Tat am 26. Mai den Anzug des Wittig von Haarmann *bekommen* und habe ihm dafür eine Anzahlung gemacht. Haarmann forderte zuerst 40 Mark, ließ den Anzug aber auf mein Bitten mir dann für 20 Mark." – Aus der Besichtigung des mit Zwischenbügel versehenen Haarmannschen Bettes ergibt sich zweifelsfrei, daß es *unmöglich* wäre, eine Leiche darunterzuschieben. Nun bestätigt freilich die Engel, daß Haarmann wiederholt sich vor Wittig verleugnen ließ und sich sogar in ihrer Küche versteckte. Der Fremde, den sie in Wittigs Bilde wiedererkennt, hat auch ihr voller Freude erzählt, er habe Arbeit in Hamburg gefunden und wolle am Nachmittag weiterreisen, ist dann aber am Abend desselben Tages doch in Begleitung von Grans und Haarmann wieder mitgekommen. – So drängt sich schließlich der ganze Fall zusammen in die folgende Frage der Seelenkunde: Ist der sicher bewiesene Umstand, daß Haarmann den jungen Wittig wiederholt *abwies*, ein Erweis dafür, daß der Mord durch Grans *aufgedrängt* sein muß? Zunächst möge man bedenken, daß Haarmann nicht immer *nur* aus sexueller Begierde tötete. Es wäre möglich, daß er *selber* das Zeug des Wittig sich oder dem Grans verschaffen wollte (sei es als Geschenk, sei es gegen Bezahlung, sei es, um zu imponieren, oder um zu werben, oder aus irgendeinem anderen Beweggrund). Es wäre aber auch dies möglich, daß eine dunkle Triebangst ihn vor dem jungen Wittig sich verstecken ließ, indem er ihn töten wollte und auch wieder *nicht* wollte und daß gerade erst der Umstand, daß da ein anderer sich immer wieder anbot und aufdrängte (möglicherweise nur, um mit Unzucht Geld zu verdienen), schließlich die sexuelle Wolfswut aufgestachelt hat. So bin ich zuguterletzt geneigt geworden, zwar (wie auch in mehreren anderen Fällen) eine dunkle *Mitwisserschaft* des Grans, keinesfalls aber Anstiftung und auch nicht *Beihilfe* zum Mord anzunehmen.

25. Friedrich Abeling, geboren 14. März 1913, verschwand am 26. Mai 1924

Ein zehnjähriges Kind, 1,10 m groß, volles niedliches Gesicht, Haare nach Pony-Art geschnitten, Ebenbild seiner dreizehnjährigen Schwester Alix, Sohn des Schlossers Wilhelm Mayhöfer und seiner Frau Therese, verwitwete Abeling, in der Rautenstraße, ein ruhiger und ordentlicher Junge, hatte am 25. Mai 1924 die Schule versäumt und war dafür bestraft worden. Am 26. Mai bat er die Mutter um 20 Pfennig. Der Lehrer wolle mit der Klasse einen Ausflug machen. Die Angabe erwies sich als unwahr. Er hatte bei seinem Fortgehen nichts an, als einen grauen Sweater mit grüner Borde. Er blieb vermißt. Am 17. Juni spielten Kinder in der Rautenstraße. Da trat an die 12jährige Anni Stümpel ein Mann heran mit der Frage: „Kennst du Alice Abeling?“ „Es ist die dort“, sagte das gefragte Kind, worauf der Mann an die kleine Alice herantrat mit den Worten: „Guten Tag, Alice, ich komme von deiner Mutter und habe eine Karte dagelassen. Deine Mutter wird dir das schon erklären. Ich bin ein Freund von deinem Vater. Ich wollte dich nur mal sehen.“ Er gab ihr die Hand und entfernte sich. – Eine Karte ist in der Wohnung der Eheleute Mayhöfer nicht abgegeben worden. Die beiden Mädchen haben als denjenigen Mann, der sie angesprochen hat, mit voller Bestimmtheit Haarmann wiedererkannt. Sie geben nur an, daß Haarmann einen schwarzen Schnurrbart trug, während er in Wirklichkeit einen blonden hat. Es konnte aber festgestellt werden, daß Haarmann in der Tat einen kleinen schwarzen Schnurrbart besaß, den er sich anklebte, wenn er sexuelle Streifzüge unternahm. Am 25. Juni wurde am Lustgarten des Leineschlosses ein Kinderschädel angespült, doch konnte nicht mit Sicherheit der des verschwundenen Abeling darin erkannt werden. Dagegen fand man seinen grauen Sweater mit grüner Borde. Er lag seit Ende Mai auf der Nähmaschine der Engel, wurde dann von Grans mitgenommen, der ihn an seine Mutter für seinen kleinen Stiefbruder Alfred verschenkt hat. Die Stubennachbarin des Haarmann, Frau Lindner, erinnert sich, daß gegen Ende Mai ein kleiner Knabe, den sie dem Bilde nach als den kleinen Abeling wiedererkennt, nach Rote Reihe 2 gekommen ist und nach Haarmann gefragt hat. Sie habe dem Kinde, das ihr leid tat, gesagt: „Kind, geh man nach Haus, der Onkel will nichts Gescheites von dir.“ Der Knabe bekam einen roten Kopf und ging fort. Es ist anzunehmen, daß Haarmann den aus Furcht vor Strafe sich umhertreibenden Knaben angesprochen und durch

Versprechungen von Geschenken in seine Wohnung gelockt hat. Die Alice Abeling kannte er wohl von den Schilderungen ihres Bruders und hat sie aus Neugierde aufgesucht. Es ist das ein psychologisch merkwürdiger Umstand, aber ein Beweis dafür, daß die beständige Beteuerung, daß er sich an die Gesichter seiner Opfer nicht entsinnen könne, durchaus unwahr ist.

26. Friedrich Koch aus Herrenhausen, geboren 4. Mai 1908, verschwand 5. Juni 1924

Friedrich Koch, Schlosserlehrling, 16 Jahre alt, Sohn des Malers Fr. Koch in Herrenhausen, verschwand am 5. Juni. Er fuhr morgens um 7 Uhr regelmäßig mit der Bahn zur Arbeit; in Gesellschaft des Schlosserlehrlings Paul Warnecke. Auf dem Bahnhof hatten beide den Haarmann kennengelernt. – Am 5. Juni nachmittags gingen die jungen Schlosserlehrlinge Koch, Rubi und Böcker durch die Altstadt zur Fortbildungsschule. Koch trug eine Wachstuchtasche, in der sich das Lehrbuch von Duden befand. An der Ecke vom „Tiefental“ schlug ein Mann, den Rubi und Böcker nicht kannten, aber bei der Gegenüberstellung aufs bestimmteste als Haarmann wiedererkannt haben, den Koch mit dem Spazierstock an die Stiefel und fragte: „Na Junge, kennst du mich nicht mehr?“ Koch blieb stehen, winkte den Freunden Abschied und wurde seither nicht mehr gesehen. Es fanden sich weder Kleider noch Leichenteile. Nur die Aktentasche des Kindes sowie der Duden, in welchen der Knabe seinen Namen eingeschrieben hatte.

27. Erich de Vries, geboren 7. März 1907, verschwand 14. Juni 1924

Der 17jährige Sohn Erich des Kaufmanns Max de Vries in Hannover, welcher bei seinem Onkel, dem Bäckermeister Schulze in Celle in der Lehre war, fuhr Pfingsten 1924 auf Besuch zu den Eltern. Er war ein gesunder, schöner, wenig welterfahrener, leichtgläubiger Junge. Da die Eltern gerade einen Pfingstausflug machten, fand der Knabe die Wohnung verschlossen und ging zu seiner in der Herschelstraße wohnenden Tante, wo die Eltern auch einen Hausschlüssel für Erich abgegeben hatten. Er blieb dort bis abends ½11 Uhr, nahm dann Abschied und sagte, er wolle nun nach Hause zur Hildesheimerstraße. Als die Familie gegen 12 Uhr vom Ausfluge nach Hause kam, war der Junge nicht in der Wohnung, so daß man annahm, daß er entweder bei der Tante oder gar nicht aus Celle herübergekommen sei; man legte wie immer die Sperrkette vor die Flurtür. Am nächsten Morgen gegen 10 Uhr erschien der Knabe und erzählte seiner Stiefmutter, er habe in der Nacht zweimal gegen 3 und gegen 6 Uhr an der Flurtür geklingelt, da er der Sperrkette wegen nicht öffnen konnte; der Hund habe sehr laut gebellt, da aber niemand geöffnet habe, sei er fortgegangen und sei die ganze Nacht mit zwei Männern, einem jungen und einem älteren durch die Altstadt spazierengegangen. Die Erzählung erschien durchaus unglaubhaft. Am 12. Juni bat Erich um Erlaubnis, mit einem Freund, einem schon ausgelernten Bäckerjungen ausgehen zu dürfen. Am 14. Juni morgens 10 Uhr ging er, wie fast regelmäßig, nach der Ohe zum Baden. Der Vater mahnte ihn, er möge zeitig wiederkommen, denn er wolle mit ihm heute zum Bäcker-Obermeister, damit er eine Stelle in Hannover bekomme; der Junge brachte seine Freude zum Ausdruck, daß er in Hannover bleiben dürfe. Er ist an diesem Morgen nicht zurückgekehrt. Seine Schwester, die 11jährige Hildegard, bekundet, daß am 10. Juni, als ihr Bruder in der Ohe badete, und sie derweil auf seine Sachen aufpaßte, ein Herr am Ufer gestanden habe, den sie jetzt bestimmt als Haarmann wiedererkennt, die Badenden aufmerksam beobachtete und dann ihren Bruder, als dieser aus dem Wasser stieg, eine Zeitlang genau betrachtet habe. Haarmann sei dann auf sie beide zugetreten, habe nach der Tageszeit gefragt und habe sich entfernt. Man fand den Anzug, kenntlich besonders an einem von einer Zigarette eingebrannten kleinen Loch im linken Hosenbein, die Seidenflorstrümpfe, das Batikziertüchlein, die Brille und den von der Schwester geschenkten Taschenkamm in Haarmanns Wohnung, der sich denn auch zuletzt bequemte, die Untersuchungskommission zum Teich am Eingang des Schloßgartens zu führen, wohin er (in der Aktentasche des getöteten Koch) die Leichenteile in vier Gängen getragen hatte. – Er meint, daß er die Bekanntschaft des Erich de Vries auf dem Bahnhof gemacht habe. Er hat ihn wahrscheinlich, wie er es beständig tat, mit Beschenken von Zigaretten an sich gelockt.

Rechtstechnisches

Je weiter die Verhandlungen fortschritten, um so klarer drängte sich die Überzeugung auf, daß man eine Schlange nicht richten kann, ohne zugleich den Sumpf mit vor Gericht zu stellen, daraus allein die Schlange ihre Nahrung zog. Dies war nun vor dem Schwurgericht in Hannover nicht möglich. Und zwar aus den folgenden Gründen: 1. Haarmann machte alle seine Aussagen unter dem Druck und in Abhängigkeit von der *hannoverschen Polizei;* insbesondere in Abhängigkeit von dem Polizeiarzt Dr. Schackwitz, der ihn völlig zu *lenken* vermochte. Man setze einmal den Fall, dieser Kriminalprozeß wäre in einer anderen Stadt, z. B. in Leipzig oder in Berlin verhandelt und ein anders eingestellter, aber gleich eindrucksvoller Arzt wäre jeden Morgen ins Haarmanns Zelle getreten etwa mit den Worten: „Fritz, was bist du für ein großartiger Kerl, daß du zehn Jahre lang die dumme Behörde in Hannover an der Nase herumgeführt hast", so würde der ganze Kriminalfall ein *völlig anderes Gesicht* bekommen haben. Es hätte sich dann erwiesen, daß ein schadhaftes Rechtssystem und eine schadhafte Psychiatrie die dreißig Morde mit verschuldet haben. Da aber Haarmann in Hannover verblieb und seine letzten Tage völlig abhängig waren von der Gunst der Behörde, so hütete er sich sorglich, das auszusagen, was auch *diese* mitbelastet hätte. Ja, man benutzte Haarmann geflissentlich zur Entlastung der in Hannover herrschenden *Zustände* und ging in derselben Weise schonend mit ihm um, wie er seinerseits *günstig* für das Polizei- und Gerichts-Personal aussagte. 2. Man hatte als Sachverständige nur die dem Gericht nächstgelegenen Ärzte zugelassen, welche von Berufs- und Amtswegen bereits in der Vorgeschichte des Falles mitwirkten und darum ebensowenig wie der Schwurgerichtshof „die idealen Bedingungen zu vollkommen unbefangener Rechtsfindung" erfüllen *konnten.* a) Gutachter I, Gerichtsmedizinalrat Brandt, war derselbe Gutachter, welcher schon 1908 (im Gegensatz zu drei anderen nichtbeamteten Ärzten) den Haarmann gelegentlich seiner Sexualperversionen für geistig gesund erklärt und damit vom Irrenhaus freigemacht hatte. Brandt hätte, wenn er jetzt dieses sein erstes Gutachten umgestoßen hätte, seine „Mitschuld" an allen seit 1908 eingetretenen Irrsinnstaten eingestehen müssen. b) Gutachter II, Gerichtsmedizinalrat Schackwitz, war derselbe Gutachter, der als Polizeiarzt das im Februar 1924 ihm zugetragene Fleisch vielleicht nicht falsch, aber jedenfalls nach *nicht genügend exakter* Untersuchung für „Schweinefleisch" erklärte und der jedenfalls als nebenamtlicher Polizeiarzt kein unbedingtes *Interesse* daran hatte, eine etwaige Mitschuld der Behörden oder gar seiner selbst scharf und klar ans Tageslicht zu bringen, c) Gutachter III, Geh. Medizinalrat Schultze aus Göttingen, war zwar sicher unvoreingenommen, aber *kannte* die früheren Gutachten, als er das seine abgab (was z. B. nach englischem Recht nicht zulässig ist). – Ich will absehen von einer ganzen Reihe von rechtstechnischen Fehlern, die im Laufe des Prozesses gemacht wurden. Notwendig schien es mir, um der Wahrheit willen diese grundsätzlichen Bedenken nicht zu verschweigen.

Der Ausschluß der Kritik

Man nahm keinen Anstand, auch bei den Teilen der Verhandlung, während deren die Öffentlichkeit ausgeschlossen wurde, die 21 Vertreter der Presse im Saale zu lassen. Da diese alle nur „Berichterstatter" waren, so wurde in der Öffentlichkeit kein Versuch unternommen, das Grauenhafte geistig auszuwerten; dagegen wurde die ganze Bevölkerung Deutschlands wochenlang mit dem widerwärtigsten Schmutz und Bluff genährt. Um so erstaunlicher war der Zwischenfall, der am elften Tage der Verhandlungen zu einer wüsten, unsinnigen Entladung führte. – Schon in den ersten Tagen des Prozesses wurden die Verhandlungen wiederholt jäh unterbrochen durch Ansprachen und Einschüchterungen an die „Presse", von der man sachliche – (das hieß aber in Wahrheit: die Mitschuld der Behörden und Zustände *verschweigende*) Berichterstattung erwartete. Da nach § 176 des Gerichtsverfassungsgesetzes dem Präsidenten die Verteilung der Plätze im Saale zustand, so konnte dieser androhen, solche Schreiber, die „unsachlich und unwahr" berichten würden, von der Verhandlung auszuschließen. Da jeder im Saal durch Amt, Beruf, Erwerbspflicht gebunden war, so war es unmöglich, daß die im Solde des Zeitungssystems arbeitenden Berichterstatter (abgesehen von berufsmäßigen Protesten der Kommunisten, die in Hannover aber nur eine einzige, wenig einflußreiche Zeitung besaßen) das öffentliche Gewissen aufpeitschen und dies „Panama der Kultur" enthüllen würden. So erhob sich denn während des Prozesses eine der bänglichsten aller Fragen: Wie weit darf ein Berichterstatter an der „öffentlichen Rechtsfindung" (natürlich *nicht* an der „Jurisdiktion") *kritisch mitarbeiten* und mithin in ein noch schwebendes Verfahren geistig eingreifen? Ich glaube, daß nur in *einem* Fall die Gerichtskritik beschränkt werden muß: Wenn sie dazu mißbraucht wird, um zum Nachteil eines Angeklagten öffentlich Stimmung zu machen; wie es in Deutschland hundertfach geschieht; handle es sich nun um Max Hölz oder Maximilian Harden, Ernst Toller oder Adolf Hitler. – Ein solcher Mißbrauch politischer Zu- und Abneigungen war aber im Falle Haarmann ausgeschlossen. Daß der Wolfsmensch unschädlich zu machen sei, stand für jeden von vornherein fest. Sein Kriminalfall hatte mehr sittliche, kulturkritische und seelenkundliche als rechtswissenschaftliche Bedeutung. Im übrigen besitzt jeder Gerichtshof ein einfaches Mittel, um sich vor jeder Beeinflussung durch die öffentliche Meinung zu schützen. Er braucht sich nur ganz der *Sache* hinzugeben; nicht rechts und nicht links blickend. Es ist ein tiefes Unrecht, während einer strengen, sachlichen Arbeit in Zeitungen nachzulesen, „welche Presse man hat“ d. h. ob der Eitelkeit geschmeichelt oder ob sie gekränkt sei. Stößt man aber wirklich auf Geister, mit denen man glaubt sich auseinandersetzen zu müssen, so suche man *gemeinsame* Arbeit zu tun. Der anständige Mensch wird lieber positiv mitarbeiten, als sich kritisch einstellen. Es bedarf also nur des menschlichen und sachlichen Führungnehmens. Gegen diese Grundsätze sündigte das hannoversche Gericht in fast unbegreiflicher Weise. Man rechtsprechelte fürs Auge. Man versuchte gleichzeitig mit der Entscheidung der Rechtsfälle auch die Prüflese der „öffentlichen Meinung“ einzuleiten. Fortwährend brachten Gerichtsdiener die neuesten Zeitungsblätter. In dem überhitzten Saal, zehn Tage lang von früh bis spät, unausgeschlafen, überrege und überarbeitet, Stuhl an Stuhl sitzend, vermochte keiner etwas anderes zu erfühlen als nur sich selber. Aus Karriereehrgeiz, Wissenschaftsdünkel, Selbstgerechtigkeit und Gottähnlichkeitsgefühlen ballte sich über den wenigen noch besonnenen Häuptern allmählich eine dicke Wolke von Mißwollen, Unbehagen, Feindseligkeit und Angst zusammen, so daß der schließliche Donnerkrach vorauszusehen war. Ich darf hier einige persönliche Bemerkungen nicht zurückhalten. Ich hatte, indem ich aus Vorliebe für Seelenkunde dem Verfahren beiwohnte, nicht im mindesten die Absicht, diesen Rechtsfall zu schulmeistern. Das Gebiet war so abstoßend ekelhaft, daß ich freiwillig niemals mich dareingemengt hätte. Aber da ich nun einmal für deutsche Zeitungen das Schreiben von Berichten übernommen hatte, so wurde ich durch bis zu Beleidigung und persönliche Bedrohung mählich fortschreitende *Einschüchterungsversuche* durch das hannoversche Gericht selber, in immer gespanntere Haltung *hineingedrängt*. Man hatte mich zugelassen, erstens, weil man kaum mehr als den Namen von mir kannte, zweitens, weil man von einem beamteten Hochschullehrer nicht eben eine Kritik der Behörden seiner Heimatstadt erwartete; drittens, weil man von der keineswegs „radikalen“ Presse, die zu vertreten ich übernommen hatte, am wenigsten die nachmals doch als notwendig sich ergebende scharfe Beleuchtung der verrotteten Zustände befürchtete. Man wäre jeder möglichen Rücksicht von meiner Seite gewiß gewesen, wenn man sachlichen Willen zur Wahrheit bewiesen und mir nicht vor Augen gestellt hätte das traurige Kleinstadtschauspiel gekränkten Juristenehrgeizes, medizinischer Selbstgerechtigkeit und amtlichen Machtmißbrauchs; das Schauspiel eines aufgescheuchten Ameisenhaufens, der den störenden Fremdkörper stechend und säurespritzend zu entfernen trachtet. Nicht einmal die unter durchbildeten

Menschen selbstverständlichen Formen wurden leidlich gewahrt, sondern sobald die ersten verfänglichen Berichte im Gerichtssaal nachgelesen wurden, begann eine ungeheuerliche In-Acht-und-Bann-Erklärung aller gegen einen. Nach mehreren ähnlichen Zwischenfällen, bei denen mir die Entfernung aus dem Saale angedroht wurde, wenn ich meine Überzeugung weiterhin zum Ausdruck brächte, zückte endlich am elften Tage der vernichtende Blitz, indem die Sachverständigen sich weigerten, ihre (mir übrigens schon bekannten) Gutachten in meiner Gegenwart abzugeben; die Staatsanwaltschaft sich durch meine Berichterstattung beeinträchtigt, die Verteidiger sich für beleidigt erklärten; der Vorsitzende aber mich anherrschte: „Sie sind hier als Reporter zugelassen, nicht als Schriftsteller. Wir können im Gerichtssaal keinen Herren dulden, der Psychologie treibt.“ – Ich wurde, da ich mir ruhig und sachlich diese Beeinflussung verbat, aus dem Saale hinausgewiesen. An den Vorgang knüpften sich lange Zeitungskriege, indem von der einen Seite meine Person herabgewürdigt, die Öffentlichkeit, die Hochschule, die Studentenschaft, sogar das Kultusministerium aufgehetzt; von der anderen Seite dagegen mein Handeln mit Zolas oder Voltaires Kriminalkritik verglichen wurde, *beides* wohl nur Beweis, daß eine naturlos-unmenschlich gewordene Rechtsmaschinerie zwar jede „Tendenz“ der Hexe Politik, jede Selbstüberhebung des blinden Riesen Wissenschaft verzeiht, daß sie jede Sprache der Absichten oder der Zwecke begreift; eines aber niemals: das natürliche Gefühl des menschlichen Herzens.

Das Todesurteil

Nachdem die Sachverständigen ihre Gutachten dahin abgegeben hatten, daß Haarmann zwar eine „pathologische Persönlichkeit“, nicht aber des „freien Willens“ und der „Verantwortungsfähigkeit“ bei Begehung seiner Taten beraubt gewesen sei (sintemalen weder „Absenzen“ vorlagen, noch auch „Epileptische Äquivalente“, noch auch ein „Manisch-depressives Irresein“, endlich auch weder „Schwachsinn“, noch „Hebephrenie“), so begannen denn die Plädoyers. Das des Oberstaatsanwalts: klar und maßvoll; alles Wesentliche zusammenfassend; das des Haarmann-Verteidigers: unsachlich, wichtigtuerisch und kenntnislos; das des Grans-Verteidigers: sachlicher, aber recht ungeschickt und unbedeutend. Das Verhalten der beiden Angeklagten blieb das gleiche: das eines alten eingekesselten Wolfes und das eines jungen in tückische Falle geratenen Fuchses. Der Wolf, blutige Tränen vergießend, Bibelsprüche zitierend, alle seine Bluttaten aus der „Ungunst der Verhältnisse“ erklärend, suchte zu beweisen, daß er unter günstigeren Umständen auch einen vortrefflichen Polizeihund hätte abgeben können und daß in seiner Unmoral eigentlich auch Moral verborgen läge; der Fuchs dagegen sammelte alle Kraft auf den Versuch, mit Hinterlassung einer Pfote oder des eingeklemmten Schwanzes wenigstens mit dem Leben davonzukommen. Auch ihr gegenseitiges Verhältnis blieb bis zum Schlusse das gleiche: Der Wolf, den jüngeren bedrohend und doch um Gemeinschaft werbend; der Fuchs eiskalt, bleich, lauernd, sich dieser Todesbruderschaft erwehrend. Am 19. Dezember, morgens 10 Uhr, wurde das Urteil verkündet: Haarmann wurde in 24 Fällen 24mal zum Tode verurteilt. Grans wurde wegen Anstiftung zum Morde (im Fall Hannappel) zum Tode und wegen Beihilfe zum Morde (im Fall Wittig) zu 12 Jahren Zuchthaus verurteilt. Haarmann nahm das Urteil an. Grans meldete seine Rechtsrüge.

Ergebnis

Mären von Wolfsmenschentum und Vampirismus reichen zurück in die fernste Vorzeit der heute lebenden Völker. Sie sind überall mit Sexualmythen verknüpft gewesen. Um das Wiederauftauchen der „Lypandrie" inmitten der abendländischen Zivilisationsmenschheit zu klären, muß man wohl ausgehen von solchen Naturspielen, in denen noch Liebesleben und Todessehnsucht, Wille zur Vernichtung des anderen und Wille zum Selbstvernichtetwerden, ja Mördertum und Zärtlichkeit wunderbar ineinanderspielen wie bei den schönsten Geschöpfen der Natur: Schmetterlingen und Insekten. – Wie es zu vermuten steht, daß in Haarmann auch ein beständig mit dem Leben spielender Wille zur Selbstauflösung lebendig ist – (hatte ich doch zuweilen den Eindruck, als ob er sich vom „Hingerichtetwerden" einen letzten Orgasmus verspreche) –, so darf man durchaus glauben, daß dieser gefühlstote Mensch im „Liebesrausch" eine ihn selbst auslöschende und ihn weit über seinen Alltag hinausreißende Überspannung erlitt, wehrloser und schicksalhafter als der orgiastische Zustand eines mit „Hemmungen" versehenen Kulturmenschen, für welchen ja auch Liebe und selbst Verbrechen eine Art leichtes Sinnenspiel und behagliches Genußmittel geworden ist. Gerade daß die ursprünglich überstarke Geschlechtlichkeit dieses Androgynen und Androlyken völlig erschöpft und verausgabt wurde, macht es begreiflich, daß er gleichsam nur aus dem untersten Bodensatz hervorzuholen vermochte die Urerbschaften einer versunkenen Gattung, für welche ursprünglich der Trieb des Sicheinbeißens und Verschlingens (auch des Sicheinverleibens „fremder" Natur in Form des Essens und Trinkens) ein das Einzelwesen auslöschender, auf ursprünglichste Mitahmung zurückführender dionysisch-(„zagrystisch")erotischer Akt war. Wir wissen nicht einmal, ob nicht selbst das Sichzerreißen der Tiere irgendein natürliches Wollusterlebnis in sich schließt, so daß, wenn der Wolf das Lamm würgen muß, man ebensogut sagen könnte: Er liebt, wie: er haßt die Lämmer. Ich erinnere mich eines Hundes, der getötet werden mußte, weil er triebmäßig bestimmte andere Hunde (und zwar immer Hunde von gleicher, schon sehr degenerierter Art wie er selber) anfiel und würgte, bis sie tot waren. Dabei zeigte sich an dem Tiere zweifellos geschlechtliche Erregung. Bei solchen Erscheinungen müßte eine biologische Erklärung einsetzen, die seelenkundliche müßte das Traumleben, die Jugendumgebungen, das Spielzeug und die Wunschvorstellungen der Kinder- und Jünglingsjahre viel genauer erforschen, als die Schulpsychologie und -medizin von heute das vermag. –

„Und jedermann mordet sein liebstes Ding,
Damit ihr es alle nur hört,
Der eine tut's mit bösem Blick,
Der andre mit Schmeichelwort,
Der Feigling tut's in einem Kuß,
Der Held mit seinem Schwert.“ . . .

So verklingt der Aufschrei des in Zuchthäusern verunzüchteten Lebens in Oscar Wildes Ballade. Daß aber Tod und Liebe, Eros und Eris ursprünglich verschlungen sind, ist Gerechtigkeit der Natur, welche fordert, daß höchste Bestätigung auch Vollendung sei. Auf den Gipfeln erhabener Erotik brauchen freilich Schicksalsergriffene nicht wie in der vormenschlichen Natur noch den Lustmord aneinander zu begehen, denn hier ist die Naturmacht zu solcher Seelengewalt geworden, daß sie das Schicksal zwingt, zu töten, wie Überragendes den Blitz auf sich zieht. Daß aber die sogenannt höheren Geschöpfe und zumal der Mensch ihre Liebesakte zeitlich überdauern und überstehen, gleichsam eigenste Selbsterfüllung überlebend, wird zweifellos erkauft mit der Minderung an Sättigungskraft erotischen Lebens, ja, diese Entsinnlichung dürfte innerhalb des „Kulturprozesses“ schon eingetreten *sein*, damit eben Hemmungen überhaupt wirksam werden *können*. Wir normalen und beherrschten Menschen haben uns den vormenschlichen Triebdämonen wohl weniger durch „Sublimierung“, als durch die geistbedingte (d. h. logos- und ethosbedingte) wachsende Abkältung der Erdkraft entzogen. Nun kommt noch einmal durch eine Art Regiefehler ein Naturspiel wie dieser Triebmonomane in eine Schicht von Lebewesen, wo nur mittlere Temperaturen des Eros die Bürger-

Rechte haben. Nicht schon schicksalhaft und todverbunden mit religiösen, mythischen, enthusiastischen Mächten und andererseits nicht mehr tief genug stehend, daß Tod und Wollust von Natur aus noch zusammenfallen, scheint er unter riesigem Triebdruck doch gezwungen, dem großen Liebestodgesetze scheußliche Treue zu wahren; „scheußlich" nur deshalb, weil in einer selber verfratzten und depravierten „Kulturmenschheit" auch das Naturantlitz nur in Form der Fratze und Entartung durchbrechen kann. – Denn wie der Hund, das typisch moralisch-altruistische Geschöpf nur geschwächte und ausgeprügelte Wolfsnatur darlebt, so scheint auch die *Moral* der Kulturmenschheit nur eine Art versetzte und „veredelte" Wollust zu bergen, so daß nach dem Gesetz des Pendels das höchste Ausmaß auf der einen Seite sogleich nach der anderen Seite hin umschlägt, wie denn moralische Fanatiker gleich Torquemada, Dante, Robespierre etwas Wölfisches haben und der wüste Amokläufer etwas vom christlichen Heiligen. Dieses Wolfstum bei Radio und Elektrizität, der Kannibalismus in feiner Wäsche und eleganter Kleidung, dürfte somit ein Merkmal sein für die Seele der abendländischen Wolfsmenschheit überhaupt; im Kleinen noch einmal dasselbe wiederholend, was im Großen darlebten fünf Heldenkriegsjahre, in denen jegliches Werktum des Mordens und jeder Wohlstand seelischen Todes im Dienste des Wolfsherzens und der Wolfsmoral stand und die älteste Erkenntnis wieder die jüngste ward: „Homo homini lupus e natura", der Mensch ist dem Menschen von Natur der Wolf. Ich habe 1914 in einem Lazarett einen Menschen behandelt, dessen Ruhm und Glück es war, wiederholt an Wachtposten der Feinde herangeschlichen zu sein und sie mit den Händen erwürgt zu haben; *dessen* Brust aber – schmückte das Eiserne Kreuz. – Die Frage, ob es sich in einem solchen Falle um „Irrsinn" handle, oder ob der Mensch vor den Gesetzen verantwortlich sei, scheint mir müßig und sinnlos. Der Irrsinn liegt oft im Tun selbst. Dabei bleibt natürlich der wachbewußte Oberbau, abgeschnürt vom Triebvampirismus, völlig unversehrt. Es fehlen in solchen Fällen alle stabilisierenden Hemmungen (das, was man bei „Zurechnungsfähigkeit" eben voraussetzen muß). An ihre Stelle traten wieder wie beim Tier die automatischen Triebreaktionen, alle jene „Stereotypien", für welche die Sachverständigen kein Auge hatten. Man kann mir nun freilich einen naheliegenden Einwand machen: Haarmann mordete ja nicht *zwecklos*. Er war nicht *reiner* "Triebverbrecher" (so wenig wie Grans reiner „Intelligenzverbrecher" ist). Er hat in mehreren Fällen möglicherweise auch ohne Geschlechtsrausch aus Besitzgier, Rache, Angst vor Mitwisserschaft gemordet. Dazu aber muß Folgendes bemerkt sein: Eine auf der Grundlage teilweisen Schwachsinns jahrzehntelang eingeschliffene und gewohnheitsmäßig gewordene Triebneurose wird selbstverständlich zuletzt nicht eben wählerisch vorgehen. Haarmann tötete schließlich so leicht, wie er sich die Stiefel putzte. Ja, das Töten in Heimlichkeit (wir werden sogleich sehen, daß diese *Heimlichkeit* wesenhaft zur Triebtollwut mit gehörte), vielleicht sogar schon das Hantieren mit Leichenteilen (man kennt ja bei Infantilen solche Fälle von „Nekrophilie") wurde für Haarmann allmählich von schauerlichem *Reiz*. Ich kann mich nicht enthalten, einige tiefschürfende Worte Nietzsches hierher zu setzen: „So spricht der rote Richter: „Was *mordete* doch dieser Verbrecher? Er wollte rauben." Aber ich sage Euch: seine Seele wollte *Blut*, nicht Raub: er dürstete nach dem Glück des Messers. Seine arme Vernunft aber begriff diesen Wahnsinn nicht und überredete ihn. „Was liegt an Blut!" sprach sie; „willst du nicht zum mindesten einen Raub dabei machen? Eine Rache nehmen?" Und er horchte auf seine arme Vernunft, wie Blei lag ihre Rede auf ihm. – Da raubte er, als er mordete. Er wollte sich nicht seines Wahnsinns schämen." (Es hat sicherlich Stunden gegeben, wo sich der Wolf vor dem jungen Fuchs *schämte*, daß er mordete, *ohne* dabei auf „die Kleider zu achten".) – Dem hannoverschen Gericht und seinen Sachverständigen schreibe ich aber auch die folgenden Worte Nietzsches ins Stammbuch:

„Was ist dieser Mensch? Ein Knäuel von Krankheiten, welche durch den Geist in die Welt hinausgreifen; da wollen sie Beute machen. Aber dies will nicht in Eure Ohren; Euren Guten schade es, sagt Ihr mir, aber was liegt mir an Euren Guten! Vieles an Euren Guten macht mir Ekel und wahrlich nicht ihr Böses. Wollte ich doch, sie hätten einen Wahnsinn, an dem sie zu Grunde gingen, gleich diesem bleichen Verbrecher. Wahrlich, ich wollte, ihr Wahnsinn hieße Wahrheit oder Treue oder Gerechtigkeit. Aber sie haben ihre Tugend, um lange zu leben in einem erbärmlichen Behagen.

Ich bin ein Geländer am Strome: fasse mich, wer mich fassen kann. Eure Krücke aber bin ich nicht." – –

Ich will nunmehr auf einen wesentlichen Punkt hinweisen, der von den Seelenerratern des hannoverschen Gerichts gleichfalls recht mißkannt wurde: Die scheinbare Motivlosigkeit vieler Mordtaten. Ich habe bereits bemerkt, daß das Suchen nach Beweggründen außerhalb der Geschehnisreihen durchaus hinauskommt auf den logisch-ökonomischen Zwang, das geballte und unausmeßliche Schicksal künstlich zu *verengern*, um es faßbar zu machen für begreifende Orientierung. Es dürfte in Wirklichkeit niemals eine Tat aus *einem* Motiv geschehen. Es würde aber auch keineswegs gegen die Möglichkeit von Taten sprechen, wenn überhaupt keine Gründe für sie auffindbar wären, wie denn der Wolf das eine Mal das Lamm ohne Not zerreißt, das andere Mal, obwohl das Zerreißen zu erwarten wäre, grundlos an ihm vorüberblickt. – Die eigentümlichste Ungewißheit aber obwaltet in solchen Fällen, wo gerade die Dunkelheit und der Reiz, den das Heimliche und Bodenlose ausübt, *selber* zum Urgrund von Taten geworden ist. Unverkennbar ist diese Motivationslosigkeit bei manchen Formen des Giftmordes. Ich möchte dafür folgendes im zweiten Kriegsjahr 1915 selbst erlebte Beispiel anführen. Ich befand mich im ärztlichen Dienst in einem mit fünfhundert Schwerverletzten belegten Lazarett. Es waren besonders viele russische Gefangene dort. Als Dolmetscher in der russischen Abteilung arbeitete ein junger Balte (20jährig, freundlich, gefällig, scheinbar der ideale Krankenpfleger und Helfer, daher allgemein beliebt und von Kranken, Schwestern, Ärzten als allgemeines „Faktotum" geschätzt). Es fiel auf, daß unter den Russen viele Todesfälle vorkamen, die aus dem Wesen der Krankheit nicht zu erklären waren. Als diese dunkle, todbringende Epidemie nicht nachließ, kam man schließlich auf den Verdacht, es müsse sich um Vergiftungen handeln. Die Toten wurden ausgegraben; im Magen wurde Arsen nachgewiesen. Gleichzeitig wurde festgestellt, daß aus dem Giftschrank des im Lazarett befindlichen Laboratoriums Giftstoffe entfernt waren. Die Oberschwester führte zu den Schränken des Arbeitsraumes die Schlüssel. Sie konnten nur an die Ärzte nach Genehmigung des Oberarztes ausgehändigt werden. Es war nun aber einige Male geschehen, daß, wenn ein Medikament nötig war, wir unseren Vertrauensmann Oskar, eben den jungen Balten, zu der Oberschwester mit der Bitte um einen Schlüssel geschickt hatten; bei dieser Gelegenheit konnte der junge Mann wohl an den Giftschrank herangekommen sein. Als die Untersuchung eingeleitet wurde, war der Balte verschwunden; als das ganze Haus nach ihm abgesucht wurde, kam eine Ordonnanz kreidebleich und meldete, auf dem Boden in den Sparren des Dachwerks hänge Oskar. Er war bereits tot; die Untersuchung blieb ergebnislos, doch zweifelte niemand, daß dieser bei allen beliebte junge Mensch in etwa zwanzig Fällen seine eigenen Landsleute, zu denen er übrigens nicht die mindeste Feindseligkeit zeigte, ohne jeden Zweck und Sinn durch Beimischung von Gift in ihre Speisen langsam getötet hatte. Damals im Kriege machte man sich angesichts solcher Rätsel nicht allzu viele Kopfschmerzen. Die meisten beruhigten sich mit dem Schlagwort: „Sadismus“. Sie erklärten sich den Fall so, wie man etwa bei schlecht gearteten Kindern oft die Neigung zu grausamen Tierquälereien bemerkt: die Kinder beobachten halb mit Schauer, halb mit widerwilligem Entzücken die Zuckungen des gequälten Geschöpfs. Sie werden bei solchem Herumproben von Neugier und Entsetzen weiter und weiter getrieben. Auch mochte jene medizinische und wissenschaftliche Wichtigmacherei, die sich in einem Spielen mit Menschen und Menschenschicksal selbstbehagt, an dem lichtscheuen Treiben des jungen Balten einigen Anteil haben. Aber indem ich mir den Menschen wieder vergegenwärtige, seine bescheidene Eitelkeit, wenn man ihn lobte („Der hat's hinter den Ohren“; „In dem steckt mehr als man ihm ansieht“), so scheint es mir sehr möglich, daß ausschließlich die Spielerei mit dem Dunkel und ein Reiz des Geheimnisses diesen Burschen aus verschlagenem Ehrgeiz zum Massenmörder gemacht hat. – Im Falle Haarmann aber stieg der Reiz des Heimlichen auch noch aus anderen Triebwurzeln; nämlich aus jener Sinnlichkeit, die man wohl ein *entpersönlichtes* Liebesleben nennen könnte. Musterfall dieser Entpersönlichung ist die Onanie, an welcher sowohl die Persönlichkeitslosigkeit des Gefühls wie der Reiz der Verborgenheit zu haften pflegt. Die größte Qual, die man Haarmann antun konnte, war die, daß man ihm die Bilder der Opfer vorlegte, ihm von seinen Knaben erzählte und sie ihm persönlich nahe brachte. Sie waren für ihn immer nur „schöne Jungens“, von deren Persönlichem er so wenig wie möglich *wissen* wollte, denn bei genauer Bekanntschaft (wie bei Grans) verlor sich der generelle Trieb, welcher darauf ausging, die jungen Körper ganz Unbekannter in Verborgenheit zu packen, zu zerreißen, zu verzehren. – Ich habe in der „Symbolik der Gestalt“ (Verlag Niels Kampmann Berlin, 1925) ausführlich aufgezeigt, daß Merkmale von Sinnlichkeit nichts zu tun haben mit Erotik im Sinn des persönlichen Lebens. Im Gegenteil: die eigentlich *sinnlichen* Naturen sind niemals starke Erotiker und auf immer unfähig, an einer lebenausfüllenden Leidenschaft haften zu bleiben. Es besteht aber die beachtenswerte Tatsache, daß die generelle „libido“ gebunden ist an die Werkzeuge der ursprünglicheren *Nah*sinne (wie z. B. an Schmecken, Riechen, Ergreifen, Küssen, Saugen usw.); während Auge und Ohr als Bild- und Fernsinne eine stärkere Beziehung zum einmalig persönlichen und eine minder nahe Beziehung zum geschlechtlich generellen Seelenleben haben; womit manche physiognomische Anhaltspunkte gegeben sind. (Die unsägliche Ahnungslosigkeit gegenüber charakterologischer Forschung kam darin zum Ausdruck, daß man keinerlei physiognomische Untersuchung des Haarmann vornahm. Es ließ sich aber das schwächere Ausmaß des Mittelhirns im Vergleich zu Vorder- und Hinterhaupt, sowie das Überwiegen der Nahsinne über die Fernsinne schon vom bloßen Sehen ziemlich sicher vermuten.) Man könnte eine Art „Kompensation“ suchen, in dem merkwürdigen Umstand, daß dort, wo eine kahle, traumlose Geschlechtslust herrschend geworden ist, sehr leicht Berührungsangst und Näheschen sich zu entwickeln pflegen. Bei Haarmann wurde mir auffallend, daß er jedem Wissen um die Personen seiner Opfer ängstlich aus dem Wege ging; (darum ist für den Seelenforscher besonders rätselhaft jener einzige Fall, wo er nach Ermordung des 12jährigen Abeling in Verkleidung die Schwester des Getöteten aufsucht, um sich die Gesichtszüge des Kindes zurückzurufen). Die gräßliche Traumlosigkeit seines nackten Trieblebens ging so weit, daß Haarmann außer dem gemeinsten Allgemeinsten (außer Gefräßigkeit und Geschlechtstrieb) überhaupt keine *persönlichen* Sehnsüchte je besaß. Seine Zuneigung zu Grans war die einzig persönliche, ideale Seite seines Lebens. Nur in dieser *einen* Beziehung wuchs er über das Animalische hinaus. Von den Bergen der Schweiz, die er in empfänglichster Jugend sah, hat er so gut wie gar keinen Eindruck behalten. Er hatte nicht das mindeste „Naturgefühl“. Ein Busch oder Baum war ihm nichts anderes, als das günstige Versteck für Sittlichkeitsdelikte. So wie in der Tiefe der See ein gefräßiger Krake alles andere holde Leben ringsum langsam auffrißt, so hatte die unpersönliche „Sinnlichkeit“ allmählich alle persönlicheren Inhalte verschlungen. Er besuchte wohl gelegentlich ein Theater, einen Zirkus oder ein Kino; aber ausschließlich zu dem Zwecke, um „hübsche Jungen“ zu sehen und wenn möglich, mit ihnen in Berührung zu kommen. Er hat nie ein Buch angerührt, nie Musik gehört. Politik und öffentliches Leben waren ihm vollkommen gleichgültig. Er besuchte Sportplätze oder Bäder nur darum, weil man dort nackte junge Leiber zu Gesicht bekommt. – –

Die tiefste Schicht im Wesen des Triebverbrechers entdecken wir aber erst, wenn wir die Natur des dolosen Zweckverbrechens *daneben* halten. Wenn man Wahrheit hätte suchen wollen, statt Wahrheit aus dem Gerichtssaal auszuweisen, dann hätte man gerade aus diesem seltsamen *Nebeneinander* viel lernen können. – Eine kurze philosophische Betrachtung bahne uns den Weg.

Gleichwie das Licht und die Flamme, so lange sie umschlossen bleiben vom Kreislauf des Lebens, das allbelebende und erwärmende Urwesen, ja, vielleicht das Wesen des Lebens selber sind, dagegen sobald sie abgetrennt und losgelöst der Natur gegenüberstehen, zum schrecklichen Dämon werden, zum einzigen

Element, darin keinerlei organisches Leben mehr gedeihen kann und welches *alles* Leben zu verzehren trachtet und wohl am Ende aller Enden auch verzehren *wird;* genau so ist das, was wir Menschen den „Geist“ nennen, so lange es umschlossen bleibt vom Kreislauf des Lebens, das allbelebende und erwärmende Urwesen, ja, vielleicht das zeugende Wesen des Lebens selbst; aber sobald der Geist sich losreißt vom Naturschoß und als wachbewußte Zweckwelt heraustritt aus dem träumenden Element des Vorbewußten, so wandelt er sich zum schrecklichen Dämon, zum kalten Witz, darin keinerlei Seelisches mehr gedeihen kann und der alles Dumpfe und Schlafende aufzuzehren bemüht ist und wohl am Ende aller Enden auch aufzehren *wird*. Dies ist nun das ganze schreckliche Rätsel unseres Zeitalters, unseres Menschenschicksals, unserer Kultur: Die Loslösung und Unverbundenheit beider ist da! Der Mensch als ein Stück Naturseele und der Mensch als zweckesetzender Geist *sind* auseinandergetreten! Das Schauspiel unserer Erdhälfte ist die Tragödie einer Seele, die nicht mehr Schritt halten kann mit den Werken und Werten, die sie aus sich selber herausgestellt hat. Die Werke sind größer und edler geworden als der Mensch *selbst*. Oder wie ich vorhin sagte: „Der Wolfsmensch mit Radio und Elektrizität“; das ist die Signatur unseres Lebensalters. Solche Unverbundenheit des Naturelements mit dem Geistigen zeugt aber nach zwei Seiten hin eine unvermeidliche Entartung: Entgeistigte, sinnlose, irrsinnige Natur auf der einen Seite! – Naturlose, seelenlose Geistigkeit auf der anderen! Dort wo im „modernen Menschen“ noch Naturtriebe durchbrechen, entbehren sie der eingeborenen Vernunft und sinnvollen Schönheit, welche überall dort das Leben durchgeistigen, wo die Wesen noch einverschlungen blieben im kosmischen Ring. Dort aber, wo der „moderne Mensch“ aus dem Naturelement heraus und in maßloser Selbstüberhebung der Erde übermächtigend gegenübertrat, da ist er zum Teufel an ihr geworden. – Wir haben an Haarmann und Grans die klassischen Schulfälle dieser hoffnungslosen Entzweiung: Hier das caput mortuum des *entfesselten Bestientums*, dort den nackten, vom letzten Tröpflein Seele verlassenen, teuflisch leerlaufenden *Intellekt*.

Und es ist nur allzuverständlich, daß diese beiden Pole zur Symbiose sich aufeinanderpfropften und in künstlicher Vernietung wieder zur perversen Einheit banden, was von Natur aus heillos auseinanderbrach. Diese Doppelform der Entartung zeigt sich wie an vielen anderen Merkmalen vor allem auch an der Stellung der beiden zu Rausch und Alkohol. Grans ist ein so leerer, ausgehöhlter, vernüchterter Mensch, daß außerhalb von Nutzzwecken und Absichten seiner Selbstsucht die Träume oder Räusche des Blutes für ihn nicht vorhanden sind. Eben darum ist der künstliche Rausch sein Bedürfnis. Er gibt ihm die einzige Möglichkeit, von sich loszukommen. Haarmann dagegen ist ein so triebtierischer, blindwütiger, vergeilter Mensch, daß ihn Alkohol bleiern traurig macht, wenn er andere auflockert. So etwa wie ein Blinder das schielende Auge des Taubstummen, der Taubstumme die krächzende Stimme des Blinden beneidet, so bewunderte hier jeder den Ausfall im andern: der gerissene Fuchs den Wolfsblutdurst, welcher zwecklos ins Bodenlose springt; der irrsinnige Wolf aber jene Fuchsbesonnenheit, die nie etwas ohne Vorteil tut. – – Irrsinn und Teufelei! das sind die Pole dieser „Besten aller möglichen Welten“ . . .

Unser aller Schuld

Wenn in die Gewohnheitsabläufe menschlichen Seelenlebens eine bange Frage fällt, wie ein Stein in das ausgewaschene Bett eines Stromes, dann haben wir wunderbar bequeme Streckformen zur Hand, um das Rätsel zu entwirken und den Stein des Anstoßes kleinzukriegen. Wir reden von „Schuld“ und schieben den Bruch unserer Natur (der eigentlich hinauskommt auf unseren Bruch mit der Natur) auf unabänderliche Gesetze, Umstände oder Schicksale. – Ich habe in meiner Rechtsphilosophie („Wertaxiomatische Studien“, Leipzig 1914, Verlag Felix Meiner) ausführlich dargelegt, daß der Satz vom zureichenden Grunde hinauskommt auf eben dieses *Schuldsuchen* (d. h. daß auch das Logische vom moralischen *Wollen* unterströmt ist), wobei (§ 13 „Epochen der Schuld“) der Mensch zwar langsam, aber unausbleiblich dahin geführt wird, alle „Schuld“ einzig zu suchen in sich selber: „Jeder ist schuldig an jedem, und ich bin der Schuldigste unter allen.“ – –

Wie wir von fremder Seele niemals mehr und niemals anderes wissen können als was wir eben aus uns *selber* wissen, so ist an Abändern, Verbessern und Aufrichten nur gerade so weit zu denken, als wir in unserem eigenen Leben die *Mitschuld* am Verhalten des anderen aufzufinden vermögen. So lange dieses "Selbstrichtertum der menschlichen Gemeinschaft“ nicht die Grundstimmung der Rechtsfindung geworden ist, bleibt eben alles Urteilen ein bloßes Quälen und Rachenehmen solcher, die das Glück gehabt haben, den Zuchthäusern zu entgehen, an solchen, die das Unglück haben, in die Zuchthäuser hineinzukommen. Denn was wir alle in jedem Augenblick des Lebens tun (man braucht nicht mal zu denken an das Millionenmorden, Rauben,

Plündern, Lügen, Ausspionieren, Vergiften in den sogenannten „*großen* Zeiten der Weltgeschichte"), ist den Inhalten wie den Beweggründen nach genau *dasselbe,* was auch Tier, Kind und Verbrecher tut. Sobald wir aber die „Schuld" an den Übeln unserer Gemeinschaft abschieben können auf die *anderen,* so sind wir enthoben allen beunruhigenden Mitverschuldungs- und Miterleidungs-Erlebnissen. Daher besteht schon im alltäglichen Leben die Strebung, dort, wo einer Person unserer Umgebung ein Unfall zustößt, so lange zu forschen, bis wir die „Schuld" in ein unrichtiges Verhalten auf *ihrer* Seite hineinverlegen können. (Daher in der deutschen Sprache der tiefe Doppelsinn der Worte „Geschick" und „Ungeschick".) So aber fällen wir auch juridische Urteile. Wir fällen sie zu unserer *eigenen Beruhigung.*

Von allen Ökonomien der Denkfaulheit ist nun das „anathema sit" die bequemste Methode. Verbrennen, verketzern, Kopf abschlagen, moralisch entrüstet sein, das war von jeher die *einfachste* Auflösung jener peinlichen Bewußtseinsstauung, daß wir selber einem Irrationalen *nicht gewachsen sind.*

Auf den theoretischen Gebieten schafft man sich Unbequemes am besten dadurch vom Halse, daß man die Augen davor schließt, es nicht an sich herankommen läßt, daß man es zur Not mit irgendeiner Formel abwehrt oder – aus dem Gerichtssaal herausweist. Auf dem praktischen Gebiet werden die unangenehmen Selbsterkenntnisse am besten dadurch vermieden, daß man Problematischem den Kopf abschlägt.

Der Prozeß Haarmann zeigt uns die alte Wahrheit! Es werden Jahrhunderte kommen, die (aus dem Geiste feinerer Rechtsethik) das Todesurteil für ebenso unsinnig halten, wie es beispiellos abgeschmackt war, daß ein moderner Gerichtshof, den ich (wär ich minder verantwortungsbewußt) mit ein paar Strichen auf immer verlächerlichen könnte, mich aus dem Gerichtssaal hinauswies mit der Begründung, daß ich „geistig unfähig sei, seinen Verhandlungen folgen und sie sachlich wiedergeben zu können". Die ganze Barbarei unserer Seelenkunde wie unserer Sittenlehre trat in diesem Straffall scharf an den Tag. Immer wird die unwillkommene Pflanze ausgerodet (die unter- wie die übernormale), wo doch unsere Arbeit sein soll: Die Erde besser zu lieben; den Acker edler zu bestellen. – Die Schlechtgeborenheit und Schlechtgeborgenheit, die falsche Zeugung und falsche Erziehung, die verkehrte Auslese, der Mangel an Gesundheitspflege und an Gemeinschaftsseele, die unsinnige Geistesverwirrung großer Menschenmassen durch Zeitungen, Halbbildung, Partei- und Staatspolitik (die selbst nichts anderes ist, als das *organisierte Verbrechen* und von Staats wegen das züchtet, was sie von Privat wegen – wenn es herauskommt – *bestraft*), die Armut, der Schmutz, der Klassenkampf, alles das erzeugt hüben: Wolfsmenschen, und drüben: die intelligenten Schmarotzer. Das Zuchthaus verunzüchtet sie zur Homosexualität. Ein sinnloser Strafvollzug mordet in ihnen, was vielleicht an zarteren Keimen noch da wäre, und läßt zuletzt nichts übrig als die moralische Gehässigkeit und Selbstüberheblichkeit einer jeden Gruppe gegen jede andere, bestenfalls noch ein mattdumpfes Solidaritätsgefühl des einzelnen mit anderen „Außenseitern der Gesellschaft".

Nicht aber die Natur schuf die bösartigen Ungeheuer. Der Käfig schuf sie. Der Mensch ist so anfällig und triebunsicher geworden, daß man auch den stärksten, kühnsten und klügsten mit leichter Mühe durch ein paar Tage Käfig zu allem Bösen wie allem Irrsinnigen *bringen* kann. Wir haben es also erreicht. Unsere Irrenhäuser liefern Irrsinn. Unsere Zuchthäuser züchten Verbrecher . . .

Am Morgen des 19. Dezember wurde das Todesurteil gefällt. Am Abend dieses Tages wurde noch einmal Gericht gehalten. Gericht über das Gericht! Da kamen in einem kahlen Hinterzimmer, bevor sie wieder an ihre Heimstätten zurückfuhren, die Eltern der gemordeten Kinder zusammen: bescheidene, gebeugte, tiefgedemütigte Menschen, Klage führend und Anklage. Es war kein einziger darunter, den die abgeschlossene Verhandlung Genugtuung oder Gerechtigkeit hatte fühlen lassen. Es war kein einziger darunter, dem die Fragen: „Wie konnte uns das geschehen? Wodurch? Warum? Wozu?" irgendwie klarer geworden wären. Nichts als ein Haufe gallebitterer, verworrener, dunkel grollender und im tiefsten gekränkter Menschlichkeiten war aus diesem Prozeß hervorgegangen. Sie hatten mich zu ihrer Versammlung gebeten, weil sie, meine Maßregelung im Gerichtssaal kennend, eine große Anklage gegen Gericht, Behörden, Polizei, Regierungs- und Oberpräsidium erwarteten. Ich wußte, wie nutzlos und hilflos das alles wäre. All die Aufrufe und Anklagen der unglücklichen Eltern sind dann auch nachmals nur in die Papierkörbe gewandert und unbeantwortet geblieben. – Ich vermochte nichts, als zum Gedächtnis für dreißig Kinder, die beim ersten sehnsüchtigen Ausflug in den lockenden Lebenswald dem Werwolf in den Rachen liefen, so sachlich als möglich diese Blätter hier niederzuschreiben . . . Zur Zeit, wo das Buch im Druck erscheint, wird vielleicht das sinnlose Ende des sinnlosen Dramas vollzogen sein. Menschlich das mildeste (denn hinter aller Zwangsgier der Wollust brennt stets auch Wille zur Selbstvernichtung); juristisch, ethisch, sozialpolitisch das dümmste aller Urteile und dem Wesen der Strafe (die nicht Instinkte ausroden, sondern nutzen und läutern muß), ganz widersprechend ...

Hinter dem Bahnhof der Stadt Hannover, im totesten seelenlosesten Steinwüstenbezirk an der Cellerstraße, dort wo die ersten der geschilderten Morde begangen sind, liegt das Zuchthaus; ein riesiges Gelände, umzirkt von einer trostlosen Riesenmauer aus roten Backsteinen. Auf einem Winkel dieser Mauer blüht ein holdes Wunder, das jeder Hannoveraner kennt: eine kleine Birke, der zarteste und zäheste Baum, so blond und so bescheiden, so herb und so lieblich, von so verletzlicher und zarter Rinde und von so zäher und gesunder Wurzel, wie die Kinder unserer niedersächsischen Landschaft. Sie hat durch ein Wunder mitten in der baumlosen Steinwüste just auf der roten Zuchthausmauer Wurzel geschlagen, ein Gruß des guten Lebens, das durch all unser menschliches Zucht- und Unzuchtelend doch wieder hindurchbricht. Hier nun wird das Fallbeil stehen und der rote Richter sein sinnloses Amt erfüllen.

Dieser Tag (so habe ich den Behörden meiner Heimatstadt vorgeschlagen) soll dem Andenken jener dreißig Kinder gehören. In alten Zeiten, als noch das Erlebnis der Gemeinschuld im Menschen fruchtbar war (etwas vollkommen anderes als unser jetziger juristischer Begriff von Kollektivhaftbarkeit), da pflegte, wenn Blutschuld über einer Stadt lag, ein Werk des Gemeinsinns: Kapelle, Kloster, Denkmal, Baumpflanzung den Ruf der Bürgerschaft wieder zu entsühnen. Das älteste Bauwerk Hannovers, die schöne Nikolaikapelle am Klagesmarkt, soll aus solcher Gemeinsühne entstanden sein. Der Tag, an dem der letzte Wolf unserer Wälder getötet wird, soll als Buß- und Bettag für die Stadt Hannover gelten. Man hat (nicht am wenigsten durch die Sensationsreporter des Zeitungsunwesens) so tief an Scham und Seele der Volkheit gesündigt, daß nun diejenigen, die für die Gesundheit unseres Volkes sich verantwortlich wissen: Geistliche, Ärzte, Lehrer, versuchen mögen, auch dieses Grauenvolle wieder in Würde und Schönheit zurückzulenken. Man soll in den Schulen zu den Kindern, in den Kirchen zu den Erwachsenen sprechen. Alle Glocken der Stadt sollen mahnen. Und zur selben Stunde, wo der schuldig-unschuldige Unhold stirbt, wollen wir die traurigen Überreste der dreißig jungen Menschen in einen gemeinsamen Sarg betten, mit Blumen schmücken und auf Kosten unserer Stadt in unsere Erde legen; nicht verborgen auf einem Kirchhof, nein! auf einem unserer großen öffentlichen Plätze. Und wir alle, eine ganze Stadt, werden hinterher gehen: Senatoren und Magistrat, Bürgermeister, Ämter,

Behörden, Lehrerschaft, Geistlichkeit, Oberpräsident, Regierungspräsident, Polizeipräsident – nicht um „letzte Ehre zu erweisen" (das können wir gar nicht), sondern um gemeinsame *Schuld* auf uns zu nehmen.

Es hat Könige gegeben, die an dem Tage wo ihr Volk unterlag, sich selber das Ende bereiteten. Kant hat den Grundsatz ausgesprochen: „An dem Tage, wo Krieg ausbricht, hat die Regierung sofort freiwillig die Macht niederzulegen, denn sie hat bewiesen, daß sie Das nicht zu verhindern imstande ist, was hintan zu halten der ganze Sinn ihres Amtes war." – Es gibt zum Glück auch bei uns noch Beamte, die freiwillig aus dem Amte scheiden, wenn das Schicksal sich stärker zeigte, als sie selber zu sein vermochten. Die verantwortlichen Männer Hannovers erwiesen sich nicht als adelige Männer. – – Man hat die bitterböse Stimmung, die der Haarmannprozeß hinterlassen hat, damit zu beschwichtigten versucht, daß man verheißen hat, ihm eine Kette „Disziplinarverfahren" folgen zu lassen, durch welche die Mitschuld der einzelnen Subalternbeamten gesühnt werden solle; man unterlasse diese Komödie, durch die einem viel zu langmütigen, viel zu schwerfälligen Volk immer wieder Sand in die Augen gestreut wird; denn wer hat Vorteile daran, daß in einem vom übelsten Spitzelunwesen und Sykophantentum zersetzten Rechtsstaat zwei oder drei ungeschickte oder erfolglose kleine Unterbeamte einen Rüffel davontragen oder auf einen anderen Posten verschoben werden? Nein! Steigen wir in uns selbst hinab und nehmen die Schuld ruhig auf uns! Danach aber soll keiner mehr das Recht haben zu fragen: „Wer trägt die Schuld?", soll keiner mehr die *andere* Seite belasten dürfen. Wir gehen alle in gemeinsamer Elternschaft hinter dem Sarge der durch unsere Schuld unerfüllt gebliebenen Jugend. Neben dem Mordhaus, wo die Kinder geopfert sind, liegt ein weiter baumüberblühter Platz. Im Hintergrund steht eine Kirche; darin schläft der klügste Mann, den Hannover besessen hat: Leibniz. Auf diesem Platz wollen wir sie in unseren Boden legen. Aus unseren Harzbergen holen wir dann Granit, oder besser noch holen aus unserer Heide einen der großen Findlinge ferner Urzeit. Der diene zum Denkstein, und die Nachwelt lese darauf nur drei Worte:

„Unser aller Schuld!"

Nachwort

Mein Buch ist abgeschlossen und liegt vor mir, fertig gesetzt. Die Revision, die der junge Hans Grans einlegte, wurde vom Reichsgericht verworfen. *Das Todesurteil ist rechtskräftig geworden.*

Da ereignet sich soeben ein Umstand, den wohl jedermann, wenn er ihn in einem Kriminalroman lesen würde, als tolle Phantasie bezeichnet hätte. Der Bote Lüters, Hannover, Große Wallstraße 3, findet auf der Straße einen mit der Bezeichnung „Wertbrief" versehenen und mit einer in Meran abgestempelten Marke beklebten Briefumschlag, adressiert an Buchhändler Albert Grans, den Vater des zum Tode Verurteilten. Er befördert das Schreiben an den Adressaten, der es mir vorlegt. Es ist der folgende vier Seiten lange Brief des Massenmörders Haarmann.

Hannover, den 5. Februar.

Geständnis des Mörders Fritz Haarmann

Ich habe die gelegenheit, da ich Persönlich peer Auto durch die Straße gefahren werde um zur Polizei Präsidium zu fahren, diesen Brief der Öffentlichkeit zu geben.

Ich mögte nicht, das diese Zeilen dem Gericht oder aber der Polizei in den Händen gelangen, da ich annähmen muß, dieses der Oeffentlichkeit meinen Geständniß vorenthalten wird & dadurch ein Unschuldiger Hans Grans durch das Beil des Henkers zu Tode gebracht würde. Möge der Ehrliche Finder Gottes Segen bis in Ewigkeit der Familie & Kinder bringen. Dieses wünscht Ihnen der zum Tode geweihten Fritz Haarmann. Mein volles Geständniß aber werde ich Herrn Pastor Hauptmann Gerichtsgefängniß geben. Um das auch dieses Schriftstück durch die Oeffentlichkeit geprüft wird und nicht verschwindet; *daher dieser Brief.* Also Herr Rechtsanwalt Dr. Lotze muß das Schriftstück von Herrn Pastor Hauptmann fordern. Ich Fritz Haarmann habe diesen Brief eigenhändig geschrieben, um die Wahrheit zu Beweisen, das dieses meine Schrift ist, kennt mein Bruder Adolf Haarmann-Fortmüller hier Asternstr. No. 16 meine Handschrift ganz genau. *Mein Geständniß.* So war mir Gott helfe, ich sage hir die reine Wahrheit u mögte doch so gern mein Gewissen nicht vor Gott noch mehr Belasten ich der zum Tode verurteilte.

Hans Grans, hat mich furchtbar die langen Jahre Betrogen & Bestohlen, aber trotzdem konnte ich nicht von Ihm lassen, da ich keinen Menschen auf der Welt hatte. Grans sollte mir im Alter eine Stütze sein, da ich doch immer für Grans sorgte & ich hätte ein gutes Vermögen zusammen gebracht, wenn mir Grans nicht alles Fortgenommen hätte. Grans war nicht schlecht, aber sehr Leichtsinnig. Grans seine Leichtsinnigkeit ging so weit mit den Weibern & Saufereien, so das ich für Grans nur die Melkende Kuh war. Aus den Treiben, welches ich mit den Jungen Leuten machte, war Grans zu arglos durch seinen liederlichen Lebenswandel. Grans hatte überhaupt keine Ahnung das ich Mordete hat nie etwas gesehen. Grans wußte nur das ich Pervers war und mit Jungen harmonirte. Wie nun meine Sachen entdeckt wurde betrefs Mord, so wurde ich durch die hiesige Polizei genötigt mit Gewalt durch Mißhandlungen Unwarheiten zu sagen, aus Angst um das ich keine Mißhandlungen mehr haben wollte, sagte ich nachher zu allen ja & habe dann Grans, durch Unwahrheit belastet. Meine Schwester Emma & Bruder Adolf welche ich um Hilfe rief da die kommen habe ich Herrn Kommisar Rätz gegenwart zu Ihnen gesagt, Emma, Adolf, ich werde hir mit Gewalt & Schlägen gezwungen Unwahrheiten zu sagen. Ich habe Frau Witzel damals gebeten zu beantragen das ich meine Aussagen vor der Staatsanwaltschaft machen wollte, aber leider, ich wurde nicht gehört. Dann habe ich Gelogen & habe Grans Belastet um das ich Ruh hatte vor der Polizei. Da nun noch die Polizei sagte Grans Belastette mich auch noch sehr, dann habe ich, mir gesagt, das durfte Grans nicht da Grans zu viel gutes von mir gehabt hatte, je mehr ich Schwindelte über Grans je anständiger wurde ich behandelt. Betrefs Wiederrufen meine Aussagen vor Gericht mochte ich auch nicht, ich dachte nur an Rache an Grans & das ist mir auch mit Hülfe der Polizei gelungen. Ich mögte hir Erwähnen Hans Grans der wußte von meinen Vorleben nichts. Grans wußte nicht das ich je in einer Irrenanstalt war, hat mich betrefs auch nie bedroht, Grans wußte von keinem Mord, hat nie etwas gesehen hatte keine Ahnung. Alle die Aussagen die Grans machte wurden Grans nicht geglaubt, oder aber so gedreht, das Sie Grans Belasteten. Daher Grans seine Worte vor Gericht, Haarmann sagt Wahrheit & Dichtung so, sodas mann das nicht Unterscheiden kann. Ich, Fr. Haarmann rufe den Himmel zum Zeugen an, Grans ist Unschuldig verurteilt. Grans hat sich noch nicht mal der Helerei bei mir schuld gemacht. Grans hat mir niemals einen Menschen gebracht, welcher mir zum Opfer fiel & hätte Grans gewust das ich Mordete dann hätte Grans es bestimmt verhütet. Ich kann diese Schuld nicht mit ins Grab nehmen und Rufe meine Mutter zum Zeugen welche mir heilig ist & bei Gott ist. Hans Grans ist Unschuldig verurteilt durch die Schuld der Polizei & damals aus Rache von mir, weil Grans der nur Gutes von mir hatte noch schwer belastete. Nehmt mein bischen Leben ich fürchte mich nicht vor den Tod durch das Beil des Henkers es ist für mich eine Erlösung, aber stellen Sie sich in der Lage von Hans Grans, der muß an Gott & Gerechtigkeit verzweifeln durch meine Schuld. Ich wurde mit meinen Lügen geglaubt Grans mit seine Wahrheit verworfen. Möge Hans Grans mir verzeihen für meine Rache, die Menschheit aber mir meine Morde welche ich in Krankhaften Zustande beging. Mein Tod und Blut gebe ich gern zur Sühne in Gottes Arme und Gerechtigkeit.

(gez.) Fritz Haarmann.

Meine erste Vermutung, daß dieses Schreiben eine Verulkung sei – (denn ich hatte einen solchen *Beweis* für fast alle, sogar für meine zartesten Seelendeutungen nicht mehr erwartet) hat sich nicht bestätigt.

Gepeinigt von Gewissensqualen in der einzigen Beziehung, die ihm edlere Gefühle wachrief; gequält von Angst vor der Polizei, die durchaus etwas herausbringen wollte, wo doch nichts herauszubringen war als nur die Selbsterkenntnis der eigenen Mitschuld; gemartert endlich von der Pein, daß es zur Umkehr zu spät sei, daß man einen Widerruf keinesfalls in die Öffentlichkeit gelangen lassen, um nicht die große Schlappe unserer Rechtspflege einzugestehen, ja daß man vielleicht erklären würde: „Jetzt ist das Verfahren abgeschlossen und das Urteil rechtskräftig"; von allen diesen Ängsten gequält, hat der unselige Mensch diesen Weg gewählt, *um vielleicht durch den Druck der öffentlichen Meinung die Wiederaufnahme des Verfahrens gegen den jungen Grans doch noch zu erzwingen*.

Es entstehen nun die Fragen: Kann man ihm glauben? und: Wird man ihm glauben? Denn natürlich ist auch mit der Möglichkeit zu rechnen, daß ein an „pseudologia fantastica" leidender Seelenkranker im Entlastenwollen gerade so übertreibt wie er zuvor im Belastenwollen übertrieben *hat*. Und auch damit ist zu rechnen, daß dieser Mann immer neue Tricks ersinnt, nur um seine Hinrichtung hinauszuschieben. Folgendes aber scheint mir nunmehr bewiesen:

1. Das Urteil des Schwurgerichts Hannover kann nicht befriedigen. Die Behörden haben vermieden, die eigene *Mitschuld* klar hervortreten zu lassen.
2. Es ist bewiesen, daß Haarmann unter dem Druck bestimmter Behörden und Personen anders ausgesagt hat, als er in einer anderen Stadt, vor einem anderen Gericht und vor einer anderen Polizei ausgesagt hätte.

3. Das hannoversche Gericht hat ein Fehlurteil gesprochen! Es hat einen unter den Einflüssen der Zeit verwahrlosten Jüngling zum Tode verurteilt, einzig auf Aussagen eines Mannes hin, welchen fünf Irrenärzte für geisteskrank befunden haben. Die den Grans belastenden Indizien sind sämtlich auch durch In-den-Tag-hineinleben und Nichtswissen- und Nichtssehenwollen *vollkommen erklärlich*.

Der Prozeß hatte zwei glückliche Zufälle. Erstens: Daß in meiner Person ein Unbefangener, gegen Schuljuristerei, Schulmedizin und Schulpsychologie Gleichgültiger zufällig zugegen war. Zweitens: Daß man diesen nicht dulden konnte und entfernte.

Dadurch machte man mich zunächst mißtrauisch und brachte zweitens auch in weiter Öffentlichkeit die Befangenheit oder Unangemessenheit des Gerichtshofes zu *Bewußtsein*.

Für den Gerichtshof und zumal für den Vorsitzenden ist der Ausgang wohl eine schwere Schlappe: aber dennoch sollen alle für sie dankbar sein. Denn sie bewahrte unsere deutsche Rechtspflege vor einem durch einen seelenunkundigen Richterstand und durch eine unerhört unfähige Verteidigung verschuldeten nun völlig offenkundigen *Justizmord*.

Wenn ich bedachte: Was soll daraus werden?, dann schwebte mir vor eine grauenhafte Möglichkeit. Haarmann und Grans werden hingerichtet. Nach ihrem Tode findet man einen Brief. Darin steht Folgendes:

„Ich habe Rache am Leben genommen. Rache an dem einzigen, den ich mit Wohltat überhäufte und der doch von mir abrückte, als mein schlimmes Geheimnis ans Licht kam. Da habe ich noch einmal um ihn geworben. Ich brachte ihn unter meine Klauen und wartete ab. Weil er mich nicht lieben konnte, darum habe ich auch ihn getötet. Zugleich war das meine Rache an der Polizei. Sie hat mich mißbraucht, benützt und verdorben und dabei heuchlerisch getan, als wolle man mich „bessern". Aber als die Mitschuld klar zutage trat, haben alle mich fallengelassen und wollten doch so gern noch einmal mit meiner Hilfe sich billige Lorbeeren verschaffen für ihre „Karriere". Sie haben mir das Gesäß zerschlagen. Sie haben mir die Hoden gequetscht. (Da sieht man Mißhandlung nicht.) Sie haben mich mit dem Gummischlauch geprügelt. (Der hinterläßt keine Striemen.) Sie gaben mir nicht Ruh, bis ich das gestand, was sie alle gerne hörten. Da hab ich ihnen denn den Triumph verschafft: „Wir haben doch was rausgekriegt", und habe mit Hilfe der Polizei auch meine letzte Schufterei vollendet, das Liebste verdorben, was ich hatte. So habe ich alle an der Nase herumgeführt, gerade als sie wähnten, mich überwunden zu haben. Meine letzten Lebenswochen habe ich mir angenehm gemacht, indem ich mich für euch angenehm machte. Und habe euch doch nur zum Werkzeug meiner Rache am Leben benützt. Und dadurch eben Rache genommen an – *euch!!* Rache auch am Gericht! Das mordet ja nicht wie ich aus Naturzwang. (Denn ist nicht auch Todesstrafe ein Morden am Menschen?) Nein! das mordet aus Vernunft und positivem Recht. Dank der Moral! O eure Moral! An's Karrieremachen habt ihr gedacht, meine Lieben. An euer Urteil im Maule der Literaten. An euch selber habt ihr gedacht mehr als an die Sache. Und also war euch jede meiner Lügen willkommen, wofern sie nur versprach, daß der Herr Oberstaatsanwalt Reichsgerichtspräsident, daß der Herr Landgerichtsdirektor ein Herr Oberlandesgerichtsdirektor werden möge. Ich nahm meine Rache auch an seelenlosen Verteidigern, diesen Opfern ihrer Talare. Brannten sie denn vom Willen zur Gerechtigkeit? Sie bebten in Angst vor den Meinungen der Zeit und der großen Menge. Selbst der Blödeste, sogar ein Geschworener oder Schöffe müßte die Wahrheit fühlen, wären nicht alle so verblendet durch die Komödie der Ämter und der Amtsröcke. Ach, und eure Wissenschaft. Wie vermöchten eure „Sachverständigen" wohl zuzugeben, daß einer viel klüger sein kann als sie selber und dennoch ein Triebverfluchter und dennoch unverantwortlich im Sinn ungeschriebener Gesetze. Rache zuletzt am ganzen Volke! Begeistert hätte man mich gesteinigt ohne Gefühl dafür, daß ich genau dasselbe tat als *Einer*, was ihr eben nur noch zu tun wagt als *Viele*. So bereue ich denn nicht und pfeife auf eure Pfaffen samt Christentum. Ich kenne euch alle zu gut und weiß wohl, wie es steht mit eurer „Seele". Ihr bringt mich nicht um; ich kehre wieder, ja ich bin ewig mitten unter euch. Und ihr selber habt nun gemordet. Mögt ihr es denn wissen: Hans Grans war unschuldig! Nun? Wie steht's um euer Gewissen?"

Dies war meine Furcht. Denn so war Haarmanns stärkster Gedanke in seiner bösesten Stunde. Aber dieser arme Triebwüstling war ja wahrlich kein Teufel und mithin auch kein Charakter. Er war nichts als ein im Käfig verunzüchtetes und von der Gesellschaft mißbrauchtes primitives Tier, das vor dem Kreuz zusammenbrach und in der Hand eines starken Seelsorgers leicht hinzubringen wäre zu dem selbstaufhebenden Sühnewillen, den Schopenhauer nannte „unsern *zweiten* Weg ins Nirwana".

Wie wird das Drama nun zu Ende gehen? Im normalen Rechtsstaat müßte nach Erscheinen dieses hier vorliegenden Buches das *Justizministerium das Urteil des Schwurgerichts Hannover kassieren* und den Fall zu erneuter Behandlung an ein anderes Schwurgericht verweisen. Dieses wird zwar voraussichtlich das Todesurteil gegen Haarmann bestätigen; sicher aber das Todesurteil gegen Grans aufheben, falls dieser, was zu hoffen steht, den Schwindel eines „Gnadengesuches" (durch das das hannoversche Gericht seine Verfehlungen zu *verschleiern* suchen wird) kräftig abweist und darauf besteht, daß er *nicht Gnade, sondern Recht* haben will. Möglich aber auch, daß man mit anderen Richtern, anderen Anwälten und Sachverständigen noch dahinterkommt, daß Haarmann (wofern er nicht dazu zu bestimmen ist, die *Sühne*, die er sich doch *wünscht*, klar an sich selber zu vollziehen) in eine Irrenanstalt gehört! Grans dagegen dürfte für sein Lebensschmarotzertum mit ein, zwei Jahren Gefängnis wegen Hehlerei hart genug bestraft sein. Er gehe ins Ausland, arbeite und werde ein *Mann*. Dann wird er sicherlich noch eine angesehene Stütze dieser Zeit und dieser Gesellschaft.

Hannover, den 8. Februar 1925.

Theodor Lessing